О.В. Головко

CW01023633

«И жизнь, и слёзы, и любовь...»

Книга для чтения
с комментариями и упражнениями

РУССКИЙ ЯЗЫК
КУРСЫ

Москва

2011

УДК 811.161.1
ББК 81.2Рус-96
Г61

Рецензенты: Профессор, д-р филологии, директор программы «Письменный и устный перевод» Балтийской международной академии Эмма Архангельская.
Профессор, д-р педагогики, директор Центра иностранных языков и ECL-сертификации Балтийской международной академии Лариса Игнатьева.

Головко, О.В.
Г61   «И жизнь, и слёзы, и любовь...»: Книга для чтения с комментариями и упражнениями / О.В. Головко. — М.: Русский язык. Курсы, 2011. — 144 с.

ISBN 978-5-88337-259-8

Книга адресована иностранным учащимся, владеющим русским языком на уровне B2. Отобранные автором тексты затрагивают темы, обращённые к эмоциональной сфере и важные для каждого человека: любовь, надежда, смысл жизни, смерть ... Это замечательные произведения русской литературы: повесть А.С. Пушкина «Пиковая дама», рассказы А.П. Чехова, отрывок из автобиографической повести Марка Шагала «Моя жизнь», рассказ И.Э. Бабеля «Гюи де Мопассан», дневниковые записи Ольги Книппер-Чеховой и др.

Книга содержит лексический и культурологический комментарий, который поможет читателю глубже осмыслить содержание текста, позволит проникнуть в эмоциональный мир персонажей.

Оригинальная система заданий, разработанная автором, включает речевую трансформацию, задания репродуктивно-креативного типа и др. При их подготовке были учтены принципы работы памяти человека и механизмы запоминания. Задания научат рассказывать о чувствах и переживаниях, превратят читателя из наблюдателя в активного участника повествования.

Книга может использоваться как для самостоятельного чтения, так и для работы на занятиях в аудитории.

В оформлении обложки использована картина Ирины Чарни «Времена года»
http://www.icmosaics.com/

ISBN 978-5-88337-259-8

© Издательство «Русский язык». Курсы, 2011
© Головко О.В., 2011
Репродуцирование (воспроизведение) данного издания любым способом без договора с издательством запрещается.

Содержание

Предисловие

Уважаемые коллеги!

Книга для чтения «И жизнь, и слёзы, и любовь...» адресована изучающим русский язык как иностранный и владеющим им на уровне В2.

В книге собраны произведения разных жанров: биографическая проза, поэтические произведения, дневниковые записи и письма.

Основная цель книги — познакомить учащихся с выражениями эмоций, чувств, переживаний в контекстах, не оставляющих никого равнодушными: жизнь, смерть, любовь, надежда, страсть, предательство, месть, торжество справедливости ...

Отобранные автором тексты затрагивают темы, обращённые к эмоциональной сфере и важные для каждого человека. Это замечательные произведения русской литературы: мистическая повесть А.С. Пушкина «Пиковая дама», письма поэта, отрывок из автобиографической книги М. Шагала «Моя жизнь», рассказ И.Э. Бабеля «Гюи де Мопассан», дневниковые записи О. Книппер-Чеховой, рассказы А.П. Чехова и др.

Несмотря на то что тексты написаны много лет назад, чувства, в них выраженные, близки и понятны современному читателю.

Книга построена по дидактической модели: текст — сведения об авторе текста — лексический и культурологический комментарий — задания.

Цель комментария — помочь читателю понять содержание текста, не обращаясь к словарю. Для этого в комментарии часто приводятся бытовые, конкретные, знакомые всем примеры и ситуации. Комментарий поможет читателю глубже осмыслить содержание текста, позволит проникнуть в эмоциональный мир персонажей.

Оригинальная система заданий, разработанная автором, включает речевую трансформацию, задания репродуктивно-креативного типа и др.

При подготовке заданий были учтены принципы работы памяти человека и механизмы запоминания. Мы запоминаем хорошо то, что:

- касается нас лично (задания типа: «Вы — персонаж Х. Расскажите историю от лица этого персонажа»);
- необычно, странно (задания типа: «Придумайте «невозможный» рассказ с данными словами»);
- можем соотнести с тем, что уже знаем (типичные упражнения, где требуется заполнить пропуски словами из текста, но в скобках приводятся «помощники»: сочетания согласных, однокоренные слова, слова-синонимы);

- встречаем не один раз (задания, в которых необходимо рассказать одну и ту же историю от лица разных персонажей; устные, письменные, грамматические задания по одному произведению);
- сами можем прочувствовать и ощутить.

Задания научат рассказывать о чувствах и переживаниях, превратят читателя из наблюдателя событий в активного участника повествования. Благодаря такому сближеню героев повествования, читателя и автора, осуществляется активизация лексики чувств, эмоций и переживаний.

Не оставлены без внимания грамматические аспекты, требующие повторения на всех уровнях владения русским языком: глаголы движения, причастия, деепричастия.

Так как предлагаемые тексты требуют относительной эмоциональной зрелости и некоторого жизненного опыта, то минимальный возраст читателя — 18 лет.

Книгу «И жизнь, и слёзы, и любовь» можно использовать как для самостоятельного чтения, так и для работы на занятиях. Наиболее успешным вариантом для достижения поставленной цели будет комбинация этих двух видов работы.

Эффективной представляется и такая модель: учащиеся дома знакомятся с текстами, используя комментарий. На занятии эти тексты прочитываются или прослушиваются.

Упражнения можно предварительно подготовить дома. Письменные задания репродуктивно-креативного типа предполагается также выполнять дома.

Наш отдельный совет коллегам: переносите смело все ситуации в наш XXI век, придумывайте несуществующих персонажей («отведите», например, Гурова, к психологу; найдите адвоката Анне Сергеевне...), сделайте так, чтобы студенты почувствовали себя героями повествования и рассказали «свою» жизнь, «свои» переживания.

Желаю успехов!

Автор

Моя жизнь

Марк Шагал

Се́рдце моё всегда́ сжима́ется[1],

когда́ во сне уви́жу ма́тушкину моги́лу и́ли вдруг вспо́мню: ны́нче де́нь её сме́рти.

Сло́вно сно́ва ви́жу тебя́, ма́ма.

Ты тихо́нько идёшь ко мне, так ме́дленно, что хо́чется тебе́ помо́чь. И улыба́ешься, совсе́м как я. Она́ моя́, э́та улы́бка.

... Ма́ма — мла́дшая дочь де́да. Полжи́зни он провёл на пе́чке, че́тверть — в синаго́ге, остально́е вре́мя — в мясно́й ла́вке. Ба́бушка не вы́держала его́ пра́здности и умерла́ совсе́м молодо́й.

Тогда́ дед зашевели́лся. Как растрево́женная коро́ва или телёнок.

Пра́вда ли, что ма́ма была́ невзра́чной коротышко́й? Де́скать, оте́ц жени́лся на ней не гля́дя. Да нет.

У неё был дар сло́ва, больша́я ре́дкость в бе́дном предме́стье*, мы зна́ли и цени́ли э́то.

Одна́ко к чему́ расхва́ливать ма́му, кото́рой давно́ уж нет на све́те! Да и что я скажу́?

Не говори́ть, а рыда́ть хо́чется[2].

Туда́, к воро́там кла́дбища влечёт меня́. Ле́гче пла́мени, ле́гче о́блачка лечу́ туда́, что́бы вы́плакаться.

Внизу́ река́, где́-то вдали́ мо́стик, а пря́мо передо́ мно́й — пого́ст**, ме́сто ве́чного упокое́ния, моги́ла.

Здесь моя́ душа́. Здесь и ищи́те меня́, вот я, мои́ карти́ны, мои́ исто́ки. Печа́ль, печа́ль моя́!

---

* **Предме́стье** — посёлок, который находится прямо на границе с городом: городское предместье.

** **Пого́ст** — сельское кладбище.

Что ж, вот он, ма́мин портре́т.

Или мой, всё равно́. Не я ли э́то? Кто я? <...>

Я хочу́ сказа́ть, что весь мой тала́нт таи́лся в ней[3], в мое́й ма́тери, и всё, кро́ме её ума́, переда́ло́сь мне.

Вот она́ подхо́дит к мое́й две́ри (в до́ме Явиче́й, со двора́).

Стучи́тся и спра́шивает:

«Сыно́к, ты до́ма? Что де́лаешь? Бе́лла заходи́ла? Ты не го́лоден?»

«Посмотри́, ма́ма, как тебе́ нра́вится?»

Оди́н Госпо́дь зна́ет, каки́ми глаза́ми она́ смо́трит на мою́ карти́ну!

Я жду пригово́ра. И, наконе́ц, она́ ме́дленно произно́сит:

«Да, сыно́к, я ви́жу, у тебя́ есть тала́нт. Но послу́шай меня́, де́точка. Мо́жет, всё-таки лу́чше тебе́ стать торго́вым аге́нтом? Мне жаль тебя́. С твои́ми-то плеча́ми. И отку́да на нас така́я напа́сть*?»

Она́ была́ ма́терью не то́лько нам, но и со́бственным сёстрам. Когда́ кака́я-нибудь из них собира́лась за́муж, и́менно ма́ма реша́ла, подходя́щий ли жени́х[4]. Наводи́ла спра́вки[5], расспра́-

Марк Шага́л

шивала, взве́шивала за и про́тив. Если жени́х жил в друго́м го́роде, е́хала туда́ и, узна́в его́ а́дрес, отправля́лась в ла́вку напро́тив[6] и заводи́ла разгово́р. А ве́чером да́же стара́лась загляну́ть в его́ о́кна.

Сто́лько лет прошло́ с тех пор, как она́ умерла́!

Где ты тепе́рь, ма́мочка? На не́бе, на земле́? А я здесь, далеко́ от тебя́. Мне бы́ло бы ле́гче, будь я к тебе́ побли́же, я бы хоть взгляну́л на твою́ моги́лу, хоть прикосну́лся бы к ней.

Ах, ма́ма! Я разучи́лся моли́ться и всё ре́же и ре́же пла́чу.

Но душа́ моя́ по́мнит о нас с тобо́й[7], и гру́стные ду́мы прихо́дят на ум.

Я не прошу́ тебя́ моли́ться за меня́. Ты сама́ зна́ешь, ско́лько го́рестей мне суждено́[8]. Скажи́ мне, ма́мочка, уте́шит ли тебя́ моя́ любо́вь[9], там, где ты сейча́с: на том све́те, в раю́, на небеса́х?

Смогу́ ли дотяну́ться до тебя́ слова́ми, обласка́ть тебя́ их ти́хой не́жностью?

---

* **Напа́сть** (♀) — несча́стье, беда́.

Я любе́зничал с де́вушками[10]

на на́бережной. Или ла́зал с прия́телями по стро́йкам, кры́шам и чердака́м.

...За игро́й в городки́[11] и беготнёй по кры́шам на пожа́рах, за купа́нием и рисова́ньем я не забыва́л о существова́нии де́вушек и пригля́дывался к ним на на́бережной.

Ко́сы гимнази́сток, кружева́ их дли́нных пантало́н буди́ли во мне беспоко́йство.

...Дома́шние не раз застига́ли меня́ пе́ред зе́ркалом. Вообще́-то, гля́дя на себя́, я размышля́л, как нелегко́ бы́ло бы мне написа́ть автопортре́т. Но, пожа́луй, отча́сти и любова́лся, что же из э́того? Скажу́ бо́льше, я был бы не прочь слегка́ подвести́ глаза́ и подкра́сить гу́бы[12], хоть э́того и не тре́бовалось, что ж, да ... мне о́чень хоте́лось нра́виться... Нра́виться де́вушкам на на́бережной...

Я име́л успе́х. Но не уме́л им по́льзоваться.

Вот, наприме́р, Ни́на из Лио́зно. Многообеща́ющая прогу́лка наедине́ — я э́то чу́вствую и потому́ дрожу́. А мо́жет, дрожу́ со стра́ху*.

Мы ча́сто гуля́ем по мосту́, забира́емся на черда́к, сиди́м на скаме́йке.

Ночь, и мы одни́.

...Тишина́, никого́. Де́лай что хо́чешь. А что я хочу́? Я целу́ю её.

Оди́н, друго́й поцелу́й. Сего́дня, за́втра, но да́льше де́ло не идёт.

Ско́ро рассве́т. Я недово́лен собо́й. Мы вхо́дим в дом её роди́телей. Ду́шно. Все спят.

За́втра суббо́та. И е́сли я оста́нусь до утра́, все обра́дуются.

Я подходя́щий жени́х. Нас бу́дут поздравля́ть.

Оста́ться? Кака́я ночь! Как тепло́! Где ты?

В аму́рной пра́ктике я по́лный неве́жа[13]. Це́лых четы́ре го́да обха́живал Аню́ту и вздыха́л по ней[14]. А реши́лся за э́то вре́мя, да и то не сам, то́лько разо́к поцелова́ть её, верне́е, отве́тить на её поцелу́й ка́к-то ве́чером пе́ред кали́ткой, и как на грех[15] по́сле э́того у неё запрыща́вело** лицо́.

...Пе́рвой обняла́ и поцелова́ла меня́ ты сама́. Я ошеломлённо молча́л[16]. У меня́ кружи́лась голова́. Но я не по́дал ви́ду и не отвёл глаз, что́бы показа́ть, како́й я хра́брый.

...Не верну́ть тех времён.

...С гимнази́сткой Ольгой, твое́й подру́гой, я познако́мился под мосто́м. Скула́стое ли́чико со вздёрнутым и чуть скособо́ченным но́сиком.

Моя́ тя́га к ней была́ непреодоли́ма, как при́хоть бере́менной же́нщины. Во мне бурли́ло жела́ние, а она́ мечта́ла о ве́чной любви́.

Мне хоте́лось убежа́ть, хоте́лось, что́бы её не́ было на све́те.

---

* **Дрожа́ть со стра́ху** (*устар.*) — сейчас говорят «*дрожа́ть от стра́ха*».

** **Запрыща́веть** — покры́ться прыща́ми.

Расставаясь с ней, я послал ей прощальные стихи, в которых писал, что не создан для вечной любви, которой она жаждала.

К третьему роману я стал куда решительнее. Целовался напропалую*. И уже не робел...

Давно увяли поцелуи, рассыпанные по скамейкам в садах и аллеях.

Давно умолк звук ваших имён[17].

Но я пройду по улицам, где вы жили, горечь бесплодных свиданий снова пронзит меня[18], и я перенесу её на холст.

Свадьба. Марк Шагал

У Теи дома я валялся на диване в кабинете её отца-врача.

...Я облюбовал это место нарочно[19], чтобы, когда Тея подойдёт поцеловать меня, протянуть руки ей навстречу.

Звонок. Кто это?

Если отец, придётся слезть с дивана и скрыться.

Так кто же?

Нет, просто Теина подруга. Заходит и болтает с Теей.

Я не выхожу. Вернее, выхожу, но подруга сидит ко мне спиной и не видит.

У меня какое-то странное чувство.

Досадно, что меня потревожили[20] и спугнули надежду дождаться, когда подойдёт Тея.

Но эта некстати явившаяся подруга, её мелодичный, как будто из другого мира, голос отчего-то волнуют меня.

Кто она? Право, мне страшно. Нет, надо подойти, заговорить.

Но она уже прощается. Уходит, едва взглянув на меня.

Мы с Теей выходим погулять. И на мосту снова встречаем её подругу.

Она одна, совсем одна.

С ней, не с Теей, а с ней должен я быть — вдруг озаряет меня[21]!

Она молчит, я тоже. Она смотрит — о, её глаза! — я тоже. Как будто мы давным-давно знакомы и она знает обо мне всё: моё детство, мою теперешнюю жизнь и что со мной будет; как будто всегда наблюдала за мной, была где-то рядом, хотя я видел её в первый раз.

Я и понял: это моя жена.

На бледном лице сияют глаза. Большие, выпуклые, чёрные! Это мои глаза, моя душа.

Тея вмиг стала чужой и безразличной.

Я вошёл в новый дом, и он стал моим навсегда.

Источник: Марк Шагал. Моя жизнь / Пер. с фр. Н.С. Малевич. М.: Эллиас Лак, 1994.

---

* **Напропалую** (наречие, *разг.*) — не думая о последствиях: веселиться напропалую.

Марк Заха́рович Шага́л (фр. *Marc Chagall*) российский, белорусский и французский график, живописец, сценограф и поэт (идиш) еврейского происхождения, один из самых известных представителей художественного авангарда XX века.

Дата рождения:	6 июля 1887 года
Место рождения:	Лиозно, Витебская губерния Российская империя
Дата смерти:	28 марта 1985 года
Место смерти:	Сен-Поль-де-Ванс, Прованс (Франция)
Националь-ность:	еврей
Жанр:	художник и поэт

Памятник Марку Шагалу во дворе его дома. г. Витебск

ЛЕКСИЧЕСКИЙ КОММЕНТАРИЙ

1. «**Се́рдце** моё всегда **сжима́ется**...»

    сжима́ется (сжимать — сжать, сжиматься / сжаться) — 1) сдавить, уплотнить; 2) (*перен.*) ощущение тоски, страха

    > **Се́рдце:**
    > **бьётся** (биться / забиться)
    > Когда человек умирает, его сердце перестаёт **би́ться**.
    > **стучи́т** (стучать / застучать)
    > **коло́тится** (колотиться / заколотиться) — бьётся очень быстро
    > **выпры́гивает из груди́** (выпрыгивать — выпрыгнуть)

2. «Не говорить, а **рыда́ть** хочется»

    рыда́ть — разрыда́ться — громко, судорожно плакать

3. «...мой талант **таи́лся** в ней...»

    таи́ться = скрываться *где*
    таиться ← тайна

4. «…именно мама решала, **подходящий** ли жених»

   подходящий — такой, который нужен; годный для чего-то

5. «**Наводила справки…**»

   наводить / навести справку — узнать о чём-то

6. «…отправлялась в **лавку** напротив…»

   лавка — небольшой магазинчик

7. «Но **душа** моя **помнит** о нас с тобой…»

   душа — внутренний, психический мир человека, его сознание

Душа — очень важное слово для русского человека.

- **Душевно, радушно** (буквально: с радостной душой) людей встречают, **душевно говорят** и ведут **душевный разговор** — **разговор по душам** (очень тёплый, откровенный разговор).

- **От всей души** поздравляют и дарят подарки.

- Говорят «**душа не лежит** к кому-либо / чему-либо — человеку, предмету, месту, работе…», если что-нибудь не нравится, а видимой причины для этого нет.

- Если что-нибудь очень нравится, то говорят, что **душа радуется**.

- **Для души** мы делаем что-либо приятное, но не всегда нужное.

- Можно работать **с душой, вкладывать душу в работу**: отдаваться делу целиком, с вдохновением. **С душой** может быть приготовлено блюдо.

- Если в отношениях между людьми гармония, то говорят, что люди **живут душа в душу.**

- «**Не стой над душой!**» — говорят, когда кто-то посторонний следит за каждым движением и раздражает своим присутствием. (Полностью эта фраза звучит так: «Не стой надо мной, как чёрт над душой!»)

- «**У меня / мне не спокойно, тревожно на душе**» — говорят, если волнуются без видимой причины.

- Про бедного человека без сбережений могут сказать, что у него **за душой ничего нет**.

- Если в местах, где обычно бывают люди, никого нет, то говорят: «**Ни души!**»: («На улице ни души!», «В доме нет ни души»)

- Что думает и чувствует другой человек — всегда загадка, поэтому говорят: «**В чужую душу не влезешь**», «**Чужая душа — потёмки**».

- О любимом человеке, в котором **души не чают***, которого обожают, говорят: «**Душенька! Душа моя!**»

---

* **Чаять** (устар.) — надеяться на что-либо, ожидать чего-либо.

МОЯ ЖИЗНЬ

8. «...сколько **го́рестей** мне суждено» — сколько несчастий приготовила судьба

> **го́ресть** ← (*устар. горечь*) — тяжёлое чувство, вызванное неудачей, разочарованием
> **го́рести** (мн. ч) — несчастья, беды, печальные события
> **го́рестный**
> **Го́ре го́рькое!** — повтор однокоренных слов для усиления значения

9. «...**уте́шит** ли тебя моя любовь...»

> **утеша́ть / уте́шить** *кого (Р. п.) как / чем* — давать утешение, успокоение
> Раньше писали *утиша́ть / ути́шить* = успокоить, заставить утихнуть

10. «Я **любе́зничал** с девушками...»

> **любе́зничать** — стараться понравиться, говоря приятные слова

> **любе́зности** — приятные, лестные слова
> **любе́зно** обращаться с кем-либо
> **любе́зность** — услуга, одолжение: Разрешите оказать вам любезность // Я могу попросить вас об одной любезности?
> «Будьте **любе́зны** = будьте добры...» — вежливая просьба.
> «Спасибо, вы очень **любе́зны**!»

11. «...за игрой **в городки́**...»

> **городки́** — игра, в которой небольшие деревянные столбики-городки выбиваются битой — длинной палкой из «города» — площадки, на которой ставятся фигуры из городков

12. «...я был бы **не прочь** слегка **подвести́ глаза́** и подкрасить губы...»

> **не прочь** — не против
> **подвести́ глаза́** — специальным карандашом обрисовать контур глаза

Набор для игры в городки

Шлем

13. «В амурной практике я полный **невежа**»
    невежа — здесь: несведущий, незнающий человек

14. «Целых четыре года **обхаживал** Анюту и **вздыхал** по ней»
    обхаживать *кого (В. п.)* — *(разг.)* добиваясь чего-либо, во всём угождать
    вздыхать — грустить, тосковать по кому-либо, будучи влюблённым

15. «…и **как на грех**…» — как будто нарочно

16. «Я **ошеломлённо** молчал»
    ошеломлённо ← ошеломлять — ошеломить
    ошеломить — 1) привести в состояние замешательства, растерянности своей неожиданностью; 2) произвести сильное впечатление; 3) сильным ударом по голове притупить сознание (*устар.*, буквально: *ударить по шелому* = *шлему. Шлем — головной убор воина*)

17. «Давно **умолк звук** ваших имён»
    умолкать / умолкнуть — замолчать, перестать звучать, говорить
    прош. вр.: умолк, умолкла, умолкло, умолкли

> **С о в е т:** если речь идёт о человеке, который перестал говорить, кричать, петь, плакать, шуметь…, нужно использовать глагол **замолчать**.
>   Если речь идёт о музыке, пении, шуме, нужно использовать глагол **умолкать / умолкнуть**.

18. «…горечь бесплодных свиданий снова **пронзит** меня…»
    пронизать / пронзить — 1) проколоть, пробить, проникнуть глубоко, насквозь (как нож, игла, кинжал, шпага); 2) внезапно и остро возникнуть в ком-, чём-либо, болезненно ощутиться; сильно, мгновенно подействовать, произвести глубокое впечатление; потрясти (как боль, как чувство)

19. «…Я **облюбовал** это место нарочно…»
    облюбовать *что (В. п.)* — остановить свой выбор на том, что нравится, что полюбили

20. «**Досадно**, что меня потревожили…»
    досадно ← **досада** — чувство раздражения, неудовольствия из-за неудачи, обиды

21. «…вдруг **озаряет** меня!»
    озарять / озарить ← **заря** — буквально «ярко осветить», в переносном смысле «сделать ясным, прийти на ум» (Как будто солнце взошло в голове! ☺ Частотны предложения типа: «И вдруг / тут/ наконец меня / его озарило!»)

1 Заполните пропуски в предложениях, пользуясь информацией текста*.

1. Моё сердце всегда .... (сжм), когда я думаю о тебе, мама.
2. Моя бабушка не .... (вдржл) праздности деда и умерла совсем молодой.
3. Говорили, что мама была невзрачной .... (короткий). Но у неё был .... (подарок) слова. И мы знали и .... (цена) это.
4. Меня .... (влечь) на кладбище. Я бегу туда, чтобы .... (вплктс).
5. Столько лет .... с тех ...., как она умерла!
6. Скажи мне, мамочка, ... (тихий) ли тебя моя любовь, там где ты сейчас: на .... свете, в .... на ....?
7. Место на берегу реки, моря, по которому прогуливаются люди, называется .... (нбржн).
8. Встреча, которая много обещает, это .... встреча.
9. Хороший жених — это .... (подходить) жених.
10. Эта музыка произвела на меня необычайное впечатление: она меня ....! (шлем) Я забыл обо всём на свете!
11. От первого поцелуя может начать .... (круг) голова.
12. Вид этого маленького, худенького ребёнка .... (внушение) мне жалость.
13. В гостях я .... (любить) старое, но очень удобное кресло. Сидя в нём, я видел всё, что происходит и в гостиной, и в кухне.
14. Когда Шагал во второй раз увидел подругу Теи, его .... (заря): с ней он должен быть! Сейчас и навсегда! На её лице .... (с..ть) большие чёрные глаза. Тея .... стала чужой и .... (различие).

 2 Прочитайте утверждения, сказанные от лица Марка. Правильны ли они? Если необходимо, исправьте, используя информацию текста.

1. Панталоны, которые носили девушки, были длиннее их юбок.
2. Эти панталоны ужасно раздражали меня.
3. Я стоял перед зеркалом и думал: «Какой я некрасивый!»
4. Девушки на меня не обращали никакого внимания, поэтому я решил подкрасить губы и подвести глаза.

---

* В скобках — слова-помощники.

5. Когда я гулял с Ниной из Лиозно, я дрожал от холода.
6. Анюта вздыхала по мне целых четыре года.
7. Я же Анюту боялся и ни разу не решился поцеловать.
8. Анюта первая поцеловала меня. Для меня это было полной неожиданностью. Я не знал, что делать, что говорить.
9. Но я не подал вида, что в амурной практике я полный невежа.
10. К Ольге меня влекло непреодолимо.
11. Её ручки и ножки внушали мне дикую страсть.
12. Она же жаждала вечной любви.
13. Когда я был у Теи и пришла её подруга, я обрадовался.
14. Я услышал голос подруги — он был очень мелодичный.
15. Этот голос взволновал меня.
16. И вот я снова вижу её — у меня как молния в голове, как вспышка: «Это моя жена!»
17. А Тея в одну секунду отдалилась на тысячи световых лет.

 Расскажите (напишите) историю встреч с Марком от лица его девушек — Нины, Анюты, Ольги, Теи.

 Какие выражения со словом «душа» произносят в следующих ситуациях? Используйте материал комментария.

1. Мне не нравится этот человек, но я не могу объяснить почему.
2. Я стригу в саду изгородь, а моя жена стоит рядом и следит за каждым моим движением. Честно говоря, она меня сильно раздражает своим присутствием, так как я не очень опытный садовник.
3. У меня был очень откровенный, тёплый разговор с коллегой.
4. Я купила эту вещь не потому что она полезная, но потому что она мне очень нравится. Моя душа радуется, когда я на неё смотрю.
5. Когда на улице нет никого, говорят ...
6. Если у нас очень мало сбережений или совсем нет, то что говорят?
7. Мы никогда не узнаем другого человека до конца.

 Объясните, что означают эти слова. В скобках приведены «табу» — слова, которые вы не можете использовать при объяснении (☻).

могила (смерть, кладбище ☻)

дар (подарок, талант ☻)

---

* Данное упражнение можно выполнять как «игру в табу»: учащиеся разделяются на группы; каждая группа получает несколько слов, к которым придумываются объяснения-толкования; потом на основе этого объяснения другая группа должна понять, о каком слове идёт речь.

хвалить кого-либо (говорить что-нибудь очень хорошее 🙂)

выплакаться (плакать, слёзы 🙂)

горечь (горький, вкус 🙂)

приговор (суд, вердикт 🙂)

молиться (молитва, читать, бог 🙂)

рай (небеса, смерть, ангел 🙂)

любоваться

невежа

запрыщаветь (покрыться прыщами, прыщ 🙂)

заря (солнце, восход 🙂)

холст (художник, ткань, рисовать 🙂)

Из дневника Ольги Книппер*
(письма к Чехову, 1904 год)

19 августа

Наконец-то я могу писать — тебе, дорогой мой, милый и далёкий, и такой близкий[1], Антон мой! Где ты теперь — я не знаю. Давно ждала я того дня, что мне можно будет писать тебе. Сегодня я приехала в Москву, побывала на твоей могилке... Как там хорошо, если бы ты знал! После засохшего юга всё здесь кажется таким сочным, ароматным, пахнет землёй, зеленью, деревья так мягко шумят. Как непонятно, что тебя нет среди живых людей! Мне тебе надо так много, много написать, рассказать тебе всё, что я пережила за последнее время твоей болезни и после той минуты, когда перестало биться твоё сердце, твоё наболевшее сердце.

Мне сейчас странно, что я пишу тебе, но мне этого хочется, безумно хочется. И когда я пишу тебе, мне кажется, что ты жив и где-то ждёшь моего письма. Дусик мой, милый мой, нежный мой, дай мне сказать тебе ласковые нежные слова, дай мне погладить твои мягкие шелковистые волосы[2], дай взглянуть в твои добрые, лучистые, ласковые глаза.

Если бы я знала, чувствовал ли ты, что уходишь из этой жизни! Мне кажется, что всё-таки чувствовал, может быть, неясно, но всё-таки чувствовал. <...>

Ольга Книппер

---

* Записи в дневнике сделаны после смерти А.П. Чехова.

20 августа

Здра́вствуй, дорого́й мой!

...В Ялте пе́рвое вре́мя я тебя́ чу́вствовала всю́ду и везде́ — в во́здухе, в зе́лени, в ше́лесте ве́тра[3]. Во вре́мя прогу́лок мне каза́лось, что твоя́ лёгкая прозра́чная фигу́ра с па́лочкой идёт то бли́зко, то далёко от меня́, не тро́гая земли́, в голубова́той ды́мке гор[4]. И сейча́с я пря́мо ощуща́ю твою́ го́лову ря́дом с мое́й щеко́й[5].

24 августа

...Утром в воскресе́нье я е́здила в Новоде́вичий монасты́рь. Так у меня́ ра́достно бьётся се́рдце вся́кий раз, как начина́ют видне́ться ба́шни[6] монастыря́! То́чно я е́ду к тебе́ и ты ждёшь меня́ там. Как я пла́кала на твое́й моги́лке! Я бы часа́ми могла́ лежа́ть на коле́нях, прижа́в го́лову к земле́, к зелёной тра́вке на хо́лмике, под кото́рым лежи́шь ты... Родно́й мой, где ты?!

27 августа

...Два дня не писа́ла тебе́, ду́сик мой родно́й, а ка́жется, что це́лую ве́чность не писа́ла[7].

...Я ужа́сно одино́ка, ду́ся. Живу́ так, как бу́дто ты опя́ть придёшь ко мне, посмо́тришь на меня́ свои́ми удиви́тельными лучи́стыми глаза́ми, погла́дишь меня́, назовёшь свое́й соба́чкой... Голу́бчик мой, где ты?!

Устро́ила свою́ ко́мнату в твоём кабине́те, и вы́шло стра́шно ую́тно. Ма́ша* бу́дет в на́шей большо́й спа́льне, моя́ спа́ленка в бы́вшем Ма́шином кабине́тике...

Была́ сего́дня на моги́лке уже́ в су́мерки, часо́в в се́мь[8]. Ти́хо, хорошо́, то́лько пти́цы шумя́т, перепа́рхивая с де́рева на де́рево[9], да слышны́ шаги́ торопли́вых мона́хинь, видне́ются их тёмные силуэ́ты. Круго́м, как светлячки́, горя́т неугаси́мые лампа́ды[10]. И у тебя́ гори́т, и ка́к-то от неё тепло́, хорошо́ на душе́. Попла́кала, поцелова́ла тра́вку зелёную на твое́й моги́лке. Скаме́ечка там стои́т тепе́рь, мо́жно сиде́ть. Опя́ть я мы́сленно перенесла́сь[11] в Баденве́йлер и стара́лась поня́ть, что там произошло́. Ду́ся, я должна́ тебе́ всё рассказа́ть, то́лько пока́ ещё не могу́...

Когда́ я уви́дела студе́нта, я до бо́ли пережива́ла ка́ждую мину́ту той ужа́сной но́чи. Я слы́шала да́же скрип его́ шаго́в по песку́[12] среди́ э́того удиви́тельного, велича́вого и жу́ткого молча́ния но́чи, когда́ он бежа́л за до́ктором.

А всё-таки сме́рти нет...

Об э́том по́сле...

---

* Сестра́ А.П. Чехова.

30 августа

Идут дни, ночи какие-то безразличные. Опять из Красного стана прислали массу чудных роз и гладиолусов, и опять так же таинственно. Меня трогают эти цветы.

Дуся моя, золото моё[13], родной мой. Пишу тебе, и мне кажется, что мы только временно в разлуке. 2-го приедет Маша.

Как тоскливо, как невыразимо тяжело было время, проведённое в Ялте. И вместе с тем хорошо. Я только всё торчала в твоих комнатах[14] и трогала, и глядела или перетирала твои вещи. Всё стоит на своём месте, до послед-

Ольга Книппер
и Антон Чехов

ней мелочи. Лампадку мамаша зажгла в твоей спальне. Мне так хотелось. По вечерам я проходила через твой тёмный кабинет, и сквозь резную дверь мерцал огонёк лампадки[15]. Я всё тебя ждала, каждый вечер ждала, что увижу тебя на твоём месте. Даже громко говорила с тобой, и голос так странно одиноко разлетался по кабинету.

По утрам по-прежнему ходили с Машей купаться. Домой возвращалась я уже не спеша... Никто меня не ждал...

11 сентября

Дуся моя, дорогой мой, нежный мой, сколько времени я не болтала с тобой! <...> Как бы я сейчас постояла на коленях перед тобой, как бывало, прислонила бы голову к груди твоей, послушала бы твоё сердце, а ты бы меня нежно поглаживал — помнишь? Антончик мой, где ты? Неужели мы с тобой никогда не увидимся?! Не может этого быть. Наша жизнь только что начиналась, и вдруг всё оборвалось[16], всему конец. Как мы с тобой славно, хорошо жили! Ты всё говорил, что никогда не думал, что можно жить так хорошо «женатым». Я так слепо верила[17], что мы с тобой ещё долго, долго будем жить... ещё за несколько дней до твоей смерти мы говорили и мечтали о девчоночке, которая должна бы у нас родиться. У меня такая боль в душе, что не осталось ребёнка. Много мы говорили с тобой на эту тему. В ноябре было бы уже два года младенчику моему, если бы не было катастрофы*.

Отчего это случилось?! ... Как бы ты его любил! Хоть помечтать об этом!

Театр, театр... Не знаю, любить мне его или проклинать... Так всё восхитительно перепутано в жизни сей[18]! Теперь, кроме него, у меня нет ничего в жизни. Все эти три года были сплошной борьбой[19] для меня. Я жила с вечным упрёком себе. Отчего я такая неспокойная была, неровная, нигде устроиться не могла, свить себе гнездо[20]. Точно всё против совести поступала. А впрочем, кто знает, — если бы я бросила сцену...

---

* В 1902 году во время спектакля рабочие не вовремя открыли люк и Ольга упала с высоты нескольких метров. Она была беременна. Ребёнок погиб, не родившись.

ЛЕКСИЧЕСКИЙ КОММЕНТАРИЙ

1. «...милый и **далёкий**, и такой близкий...»
   далёкий — 1) находящийся на большом расстоянии: синоним — дальний; 2) отделённый большим промежутком времени: далёкое будущее/прошлое; 3) имеющий мало общего с кем-либо, с чем-либо

2. «...погла́дить твои мягкие **шелкови́стые** волосы...»
   гладить / **погла́дить** — мягко касаться, проводить ладонью, пальцами (я глажу / ты гладишь / он гладит / они гладят)
   шелкови́стый — похожий на шёлк с виду и на ощупь, мягкий, гладкий, как шёлк

3. «...в **ше́лесте** ветра»
   ше́лест — глухой звук, лёгкий шум от движения листьев дерева, страниц газеты, книги

4. «...в голубоватой **ды́мке** гор»
   ды́мка — пелена, облако чего-либо, скрывающие окружающие предметы

5. «...**ощуща́ю** твою голову рядом с моей щекой»
   ощуща́ть / ощути́ть — почувствовать, испытать **ощуще́ние**

6. «...начинают **видне́ться** башни...»
   видне́ться — быть видным, быть доступным зрению, заметным

7. «...**це́лую ве́чность** не писала»
   це́лую ве́чность — очень давно

8. «...уже в **су́мерки**, часов в семь»
   су́мерки — время суток, когда солнце зашло, но ночь ещё не наступила

9. «Птицы шумят, **перепа́рхивая** с дерева на дерево»
   перепа́рхивать / перепорхну́ть — перелетать с ветки на ветку, с дерева на дерево (о птицах)

10. «...как **светлячки́**, горят **неугаси́мые лампа́ды**»
    светлячо́к — жучок, который светится в темноте
    лампа́да — масляная лампа, которую зажигают перед иконой, иногда оставляют гореть на могилах

11. «...я **мы́сленно перенесла́сь**...»
    мы́сленно переноси́ться — мысленно представить себя в другом месте, в другом положении

12. «...**скри́п** ... шагов по песку́...»
    скри́п — резкий звук, возникающий при трении друг о друга предметов или их частей (скрип старых дверей, скрип пружинного матраса, скрип снега)

13. **«...зо́лото моё...»** — ласковое обращение к дорогому, любимому человеку

14. **«...я... торча́ла** в ... комнатах»

   торча́ть (*разг. и перен.*) — находиться, присутствовать где-либо без цели

15. **«...мерца́л** огонёк лампадки»

   мерца́ть — слабо сверкать, светить бледным или дрожащим светом

16. **«...и вдруг всё оборвало́сь»**

   обрыва́ться / оборва́ться — 1) буквально: о нитке, верёвке, тросе — разделиться на части, порваться; 2) (*перен.*) о песне, разговоре, жизни — внезапно, сразу прекратиться, закончиться

17. **«...сле́по** верила...»

   сле́по — без рассуждений

18. **«...в жизни се́й...»** — в этой жизни

19. **«...были сплошно́й** борьбой...»

   сплошно́й — не содержащий ничего другого; здесь: состоящий исключительно из борьбы

20. **«...сви́ть ... гнездо́»** — здесь: устроить уютное жилище; завести семью

ЗАДАНИЕ

🌼 **Напишите письмо вашему близкому другу (подруге), который уехал очень далеко на очень долгий срок. Используйте выражения:**

как тоскливо;

как невыразимо тяжело;

мне безумно хочется;

живу так, как будто ты опять придёшь ко мне;

я до боли переживал(а);

жуткое молчание;

такая боль в душе;

вдруг всё оборвалось;

всему конец;

я ощущаю твоё присутствие;

радостно бьётся сердце;

хорошо на душе.

Анто́н Па́влович Че́хов

А.П. Чехов

Творчество Чехова стало продолжением и развитием лучших традиций русской классической литературы. Чеховский лиризм, напряжённая внутренняя жизнь персонажей, психологическая сложность чувств и поведения героев связаны с усвоением художественных открытий А.С. Пушкина, М.Ю. Лермонтова, И.С. Тургенева и Л.Н. Толстого.

Вместе с тем Чехов создал новые ходы в литературе. Например, он первым использовал приём под названием «поток сознания», позже перенятый Джеймсом Джойсом и другими модернистами. Для произведений Чехова характерно отсутствие финальной морали, принятой в структуре классического рассказа.

Художественные открытия Чехова оказали огромное влияние на дальнейшее развитие прозы и драматургии. Его произведения, переведённые на множество языков, стали неотъемлемой частью мирового театрального репертуара.

Дата рождения:	17 (29) января 1860 года
Место рождения:	Таганрог, Екатеринославская губерния, Российская империя
Дата смерти:	2 (15 июля) 1904 года
Причина смерти:	туберкулёз
Место смерти:	Баденвейлер, Германская империя
Место захоронения:	Москва, Новодевичье кладбище
Род деятельности:	врач, писатель, драматург
Псевдонимы:	Антоша Чехонте, Антоша Ч, Брат моего брата, Рувер, Человек без селезёнки
Годы литературного творчества:	1878–1904
Жанр:	юмористический рассказ, лирический рассказ, драма
Премии:	Пушкинская премия Академии наук (1888 год)
Жена:	Ольга Книппер — ведущая актриса Московского Художественного театра

А.П. Чехов был инициатором открытия в Москве первого Народного дома с читальней, библиотекой, аудиторией и театром. Также по его инициативе и с его участием в Москве была построена клиника кожных болезней. Тысячам больных Чехов оказывал бесплатную врачебную помощь. На деньги А.П. Чехова были построены школы для крестьянских детей.

Несомненной личной заслугой Чехова перед Россией стала поездка (1890 год) на «каторжный» остров Сахалин*. Антон Павлович сделал перепись всех живущих там ссыльных и заключённых, описал условия их жизни в изданных после этой поездки книгах: «Из Сибири», «Остров Сахалин». Книги стали художественным документом эпохи, вызвали огромный общественный резонанс и заставили правительство реформировать законодательство о содержании каторжан и ссыльных.

Известные высказывания Чехова

◊ Умный любит учиться, а дурак — учить.

◊ Краткость — сестра таланта.

◊ В человеке всё должно быть прекрасно: и лицо, и одежда, и душа, и мысли.

◊ Хорошо, если бы каждый из нас оставлял после себя школу, колодец или что-нибудь вроде, чтобы жизнь не проходила и не уходила в вечность бесследно.

Дом писателя в Таганроге

Остров Сахалин

---

* **Сахалин** — остров у восточного побережья Азии; омывается водами Охотского и Японского морей, длина 948 км, ширина от 26 до 160 км, площадь 76,4 тыс. км² (от Москвы до Сахалина — 6307,3 км).

Тоска

А.П. Чехов

Кому повем печаль мою¹? ...

Вечерние сумерки. Крупный мокрый снег лениво кружится около только что зажжённых фонарей и тонким мягким пластом ложится на крыши, лошадиные спины, плечи, шапки. Извозчик Иона Потапов весь бел, как привидение². Он согнулся, насколько только возможно согнуться живому телу, сидит на козлах и не шевельнётся³. Упади на него целый сугроб⁴, то и тогда бы, кажется, он не нашёл нужным стряхивать с себя снег... Его лошадёнка тоже бела и неподвижна. Своею неподвижностью, угловатостью форм и палкообразной прямизною ног она даже вблизи похожа на копеечную пряничную лошадку. Она, по всей вероятности, погружена в мысль. Кого оторвали от плуга, от привычных серых картин и бросили сюда в этот омут⁵, полный чудовищных огней, неугомонного треска и бегущих людей, тому нельзя не думать...

Иона и его лошадёнка не двигаются с места уже давно. Выехали они со двора ещё до обеда, а почина всё нет и нет⁶. Но вот на город спускается вечерняя мгла⁷. Бледность фонарных огней уступает своё место живой краске, и уличная суматоха становится шумнее.

— Извозчик, на Выборгскую! — слышит Иона. — Извозчик!

Иона вздрагивает и сквозь ресницы, облепленные снегом, видит военного в шинели с капюшоном.

— На Выборгскую! — повторяет военный. — Да ты спишь, что ли? На Выборгскую!

В знак согласия Иона дёргает вожжи, отчего со спины лошади и с его плеч сыплются пласты снега... Военный садится в сани. Извозчик чмокает губами, вытягивает по-лебединому шею⁸, приподнимается и больше по привычке, чем по нужде, машет кнутом. Лошадёнка тоже вытягивает шею, кривит свои палкообразные ноги и нерешительно двигается с места...

— Куда́ прёшь, ле́ший[9]! — на пе́рвых же пора́х слы́шит Ио́на во́згласы из тёмной, дви́жущейся взад и вперёд ма́ссы. — Куда́ че́рти несу́т? Пррáва держи́!

— Ты е́здить не уме́ешь! Пра́ва держи́! — се́рдится вое́нный.

Брани́тся ку́чер с каре́ты, зло́бно гляди́т и стря́хивает с рукава́ снег прохо́жий, перебега́вший доро́гу и налете́вший плечо́м на мо́рду лошадёнки. Ио́на ёрзает на ко́злах, как на иго́лках[10], ты́кает в сто́роны локтя́ми и во́дит глаза́ми, как угоре́лый, сло́вно не понима́ет, где он и заче́м он здесь.

— Каки́е все подлецы́! — остри́т вое́нный. — Так и норовя́т столкну́ться с тобо́й[11] и́ли под ло́шадь попа́сть. Это они́ сговори́лись.

Ио́на огля́дывается на седока́ и шевели́т губа́ми... Хо́чет он, по-ви́димому, что́-то сказа́ть, но из го́рла не выхо́дит ничего́, кро́ме сипе́нья.

— Что? — спра́шивает вое́нный.

Ио́на криви́т улы́бкой рот, напряга́ет своё го́рло и сипи́т:

— А у меня́, ба́рин, тово́... сын на э́той неде́ле по́мер.

— Гм!.. Отчего́ же он у́мер?

Ио́на обора́чивается всем ту́ловищем к седоку́ и говори́т:

— А кто ж его́ зна́ет! Должно́, от горя́чки... Три дня полежа́л в больни́це и по́мер[12]... Бо́жья во́ля.

— Свора́чивай, дья́вол! — раздаётся в потёмках. — Повыла́зило, что ли, ста́рый пёс? Гляди́ глаза́ми!

— Поезжа́й, поезжа́й... — говори́т седо́к. — Этак мы и до за́втра не дое́дем. Подгони́-ка!

Изво́зчик опя́ть вытя́гивает шею, приподнима́ется и с тяжёлой гра́цией взма́хивает кнуто́м. Не́сколько раз пото́м огля́дывается он на седока́, но тот закры́л глаза́ и, по-ви́димому, не располо́жен слу́шать. Вы́садив его́ на Вы́боргской, он остана́вливается у тракти́ра, сгиба́ется на ко́злах и опя́ть не шевельнётся... Мо́крый снег опя́ть кра́сит на́бело его́ и лошадёнку. Прохо́дит час, друго́й...

По тротуа́ру, гро́мко стуча́ кало́шами и перебра́ниваясь, прохо́дят тро́е молоды́х люде́й: дво́е из них высоки́ и тонки́, тре́тий мал и горба́т.

— Изво́зчик, к Полице́йскому мосту́! — кричи́т дребезжа́щим го́лосом[13] горба́ч. — Трои́х... двугри́венный!

Иллюстрация к рассказу А.П. Чехова «Тоска». И.М. Филь

Ио́на дёргает вожжа́ми и чмо́кает. Двугри́венный цена́ не схо́дная[14], но ему́ не до цены́... Что рубль, что пята́к[15] — для него́ тепе́рь всё равно́, бы́ли бы то́лько седоки[16]... Молоды́е лю́ди, толка́ясь и скверносло́вя[17], подхо́дят к саня́м и все тро́е сра́зу ле́зут на сиде́нье. Начина́ется реше́ние вопро́са: кому́ двум сиде́ть, а кому́ тре́тьему стоя́ть? По́сле до́лгой перебра́нки, капри́зничанья и попрёков[18] прихо́дят к реше́нию, что стоя́ть до́лжен горба́ч, как са́мый ма́ленький.

— Ну, погоня́й! — дребезжи́т горба́ч, устана́вливаясь и дыша́ в заты́лок Ио́ны. — Лупи́[19]! Да и ша́пка же у тебя́, бра́тец! Ху́же во всём Петербу́рге не найти́...

— Гы-ы... гы-ы... хохо́чет Ио́на. — Кака́я есть...

— Ну ты, кака́я есть, погоня́й! Э́так ты всю доро́гу бу́дешь е́хать? Да? А по ше́е[20]?..

— Голова́ трещи́т... — говори́т оди́н из дли́нных. — Вчера́ у Дукма́совых мы вдвоём с Ва́ськой четы́ре буты́лки коньяку́ вы́пили.

— Не понима́ю, заче́м врать! — се́рдится друго́й дли́нный. — Врёт, как скоти́на.

— Накажи́ меня́ бог, пра́вда...

— Э́то така́я же пра́вда, как то, что вошь ка́шляет.

— Гы-ы! — ухмыля́ется Ио́на. — Ве-есёлые господа́!

— Тьфу, чтоб тебя́ че́рти[21]!.. — возмуща́ется горба́ч. — Пое́дешь ты, ста́рая холе́ра, и́ли нет? Ра́зве так е́здят? Хлобыстни́-ка её кнуто́м[22]! Но, чёрт! Но! Хороше́нько её!

Ио́на чу́вствует за свое́й спино́й вертя́щееся те́ло и голосову́ю дрожь горбача́. Он слы́шит обращённую к нему́ ру́гань, ви́дит люде́й, и чу́вство одино́чества начина́ет ма́ло-пома́лу отлега́ть от груди́[23]. Горба́ч брани́тся до тех пор, пока́ не да́вится вы́чурным, шестиэта́жным руга́тельством и не разража́ется ка́шлем. Дли́нные начина́ют говори́ть о како́й-то Наде́жде Петро́вне. Ио́на огля́дывается на них. Дожда́вшись коро́ткой па́узы, он огля́дывается ещё раз и бормо́чет:

— А у меня́ на э́той неде́ле... тово́... сын по́мер!

— Все помрём... — вздыха́ет горба́ч, вытира́я по́сле ка́шля гу́бы. — Ну, погоня́й, погоня́й! Господа́, я реши́тельно не могу́ да́льше так е́хать! Когда́ он нас довезёт?

— А ты его́ лего́нечко подбодри́... в ше́ю[25]!

— Ста́рая холе́ра[26], слы́шишь? Ведь ше́ю накостыля́ю[27]!..С ва́шим бра́том церемо́ниться, так пешко́м ходи́ть!.. Ты слы́шишь, Змей Горы́ныч? Или тебе́ плева́ть на на́ши слова́[28]?

И Ио́на бо́льше слы́шит, чем чу́вствует, зву́ки подзаты́льника[29].

— Гы-ы... — смеётся он. — Весёлые господа́... дай бог здоро́вья!

— Изво́зчик, ты жена́т? — спра́шивает дли́нный.

— Я-то? Гы-ы... ве-есёлые господа́! Тапе́ря* у меня́ одна́ жена́ — сыра́я земля́... Хи-хо-хо... Моги́ла, то есть!.. Сы́н-то вот по́мер, а я жив... Чу́дное де́ло, смерть две́рью обозна́лась... Заме́сто того́, чтоб ко мне идти́ть, она́ к сы́ну...

---

* Просторе́чный вариа́нт произноше́ния сло́ва «теперь».

И Иона оборачивается, чтобы рассказать, как умер его сын, но тут горбач легко вздыхает и заявляет, что, слава богу, они, наконец, приехали. Получив двугривенный, Иона долго глядит вслед гулякам, исчезающим в тёмном подъезде.

Опять он одинок, и опять наступает для него тишина... Утихшая ненадолго тоска появляется вновь и распирает грудь ещё с большей силой. Глаза Ионы тревожно и мученически бегают по толпам, снующим по обе стороны улицы[30]: не найдётся ли из этих тысяч людей хоть один, который выслушал бы его? Но толпы бегут, не замечая ни его, ни тоски... Тоска громадная, не знающая границ. Лопни грудь Ионы и вылейся из неё тоска, так она бы, кажется, весь свет залила, но, тем не менее, её не видно. Она сумела поместиться в такую ничтожную скорлупу, что её не увидишь днём с огнём...

Иона видит дворника с кульком[31] и решает заговорить с ним.

— Милый, который теперь час будет? — спрашивает он.

— Десятый... Чего же стал здесь? Проезжай!

Иона отъезжает на несколько шагов, изгибается и отдаётся тоске... Обращаться к людям он считает уже бесполезным. Но не проходит и пяти минут, как он выпрямляется, встряхивает головой, словно почувствовал острую боль, и дёргает вожжи... Ему невмоготу[32].

«Ко двору, — думает он. — Ко двору!»

И лошадёнка, точно поняв его мысль, начинает бежать рысцой[33]. Спустя часа полтора, Иона сидит уже около большой грязной печи. На печи, на полу, на скамьях храпит народ. В воздухе «спираль» и духота... Иона глядит на спящих, почёсывается и жалеет, что так рано вернулся домой...

«И на овёс не выездил[34], — думает он. — Оттого-то вот и тоска. Человек, который знающий своё дело[35]... который и сам сыт, и лошадь сыта, завсегда покоен...»

В одном из углов поднимается молодой извозчик, сонно крякает и тянется к ведру с водой.

— Пить захотел? — спрашивает Иона.

— Стало быть, пить[36]!

— Так... На здоровье... А у меня, брат, сын помер... Слыхал? На этой неделе в больнице... История!

Иона смотрит, какой эффект произвели его слова, но не видит ничего. Молодой укрылся с головой и уже спит. Старик вздыхает и чешется... Как молодому хотелось пить, так ему хочется говорить. Скоро будет неделя, как умер сын, а он ещё путём не говорил ни с кем[37]... Нужно поговорить с толком, с расстановкой... Надо рассказать, как заболел сын, как он мучился, что говорил перед смертью, как умер... Нужно описать похороны и поездку в больницу за одеждой покойника. В деревне осталась дочка Анисья... И про неё нужно поговорить... Да мало ли о чём он может теперь поговорить? Слушатель должен охать, вздыхать, причитывать... А с бабами говорить ещё лучше. Те хоть и дуры, но ревут от двух слов.

«Пойти́ ло́шадь погляде́ть, — ду́мает Ио́на. — Спать всегда́ успе́ешь... Небо́сь, вы́спишься[38]...»

Он одева́ется и идёт в коню́шню, где стои́т его́ ло́шадь. Ду́мает он об овсе́, се́не, о пого́де... Про сы́на, когда́ оди́н, ду́мать он не мо́жет... Поговори́ть с ке́м-нибу́дь о нём мо́жно, но самому́ ду́мать и рисова́ть себе́ его́ о́браз невыноси́мо жу́тко...

— Жуёшь? — спра́шивает Ио́на свою́ ло́шадь, ви́дя её блестя́щие глаза́. — Ну, жуй, жуй... Ко́ли на овёс не вы́ездили, се́но есть бу́дем... Да... Стар уж стал я е́здить... Сы́ну бы е́здить, а не мне... То настоя́щий изво́зчик был... Жить бы то́лько...

Ио́на молчи́т не́которое вре́мя и продолжа́ет:

— Та́к-то, брат кобы́лочка... Не́ту Кузьмы́ Ио́ныча... Приказа́л до́лго жить[39]... Взял и по́мер зря... Тапе́ря, ска́жем, у тебя́ жеребёночек, и ты э́тому жеребёночку родна́я мать... И вдруг, ска́жем, э́тот са́мый жеребёночек приказа́л до́лго жить... Ведь жа́лко?

Лошадёнка жуёт, слу́шает и ды́шит на ру́ки своего́ хозя́ина... Ио́на увлека́ется и расска́зывает ей всё...

1886 год

Источник: Чехов А.П. Полное собрание сочинений и писем. В 30 т. Т. 4. М.: Наука, 1984.

ЛЕКСИЧЕСКИЙ КОММЕНТАРИЙ

1. «Кому **пове́м** печаль мою?»
   пове́м — церковнославянская форма 1 лица ед.ч. будущего времени глагола **пове́дати** = рассказать

2. «**Изво́зчик** Иона Потапов весь бел, как привидение»
   изво́зчик — кучер наёмного экипажа, возница

3. «Он... сидит на **ко́злах** и не **шевельнётся**»
   ко́злы — сиденье для извозчика
   шевели́ться / шевельну́ться, пошевели́ться — сделать движение телом

4. « **Упади́** на него целый **сугро́б**...»
   упади́ — здесь: если бы упал на него сугроб
   сугро́б — куча снега

5. «...и бросили сюда в этот **о́мут**...»
   о́мут — глубокая яма на дне реки или озера, здесь: обстановка, среда, которые могут нравственно или физически погубить человека

6. «…а **почи́на** всё нет и нет»

    почи́н — начало, здесь: работа не начина-
ется, седоков (пассажиров) нет

7. «…на город спускается вечерняя **мгла**»

    мгла — сумрак, темнота

8. «…вытягивает **по-лебеди́ному** шею…»

    по-лебеди́ному — как лебедь

9. «Куда **прёшь, ле́ший!**» / Куда **черти несут**? —
(*очень грубо*) — Куда едешь?

    пере́ть (*очень грубо*) — ехать, идти напролом
    ле́ший — в славянской мифологии дух леса,
человекообразное существо, охраняющее лес
    чёрт — дьявол, бес

Леший

10. «Иона **ёрзает** на козлах, как на иголках…»

    ёрзать — сидя, беспокойно двигаться

11. «Так и **норовя́т** столкнуться с тобой…»

    норови́ть — стараться, пытаться

12. «**До́лжно, от горя́чки** … помер…»

    до́лжно — здесь: скорее всего
    горя́чка — любая болезнь, при которой у человека поднимается высокая
температура
    помере́ть — (*прост.*) умереть

13. «…кричит **дребезжа́щим** голосом…»

    дребезжа́щий ← дребезжа́ть — издавать прерывистый, дрожащий звук
(дребезжит от ветра оконное стекло, железо на крыше, посуда в шкафу)

14. «**Двугри́венный** цена не **схо́дная**…»

    двугри́венный (*устар.*) — монета в 20 копеек
    гри́венник — монета в 10 копеек
    схо́дный — подходящий

15. «Что рубль, что **пята́к**»

    пята́к — монета в 5 копеек

Гривенник

Пятак

16. «...были бы только **седоки́**»
    седо́к — пассажир

17. «Молодые люди, **толка́ясь** и **скверносло́вя**...»
    толка́ться — толкать кого-либо или друг друга
    скверносло́вить — употреблять неприличные, непристойные слова, выражения

18. «После долгой **перебра́нки, капри́зничанья** и **попрёков**...»
    перебра́нка — взаимная брань, бранные слова, обращённые друг к другу
    капри́зничать — вести себя капризно
    попрёк — упрёк

19. «Ну, **погоня́й! Лупи́**!...»
    погоня́ть — заставлять лошадь идти, бежать
    лупи́ть (*грубо*) — бить

20. «А **по ше́е**?»
    дать по ше́е — ударить, побить

21. «**Тьфу, чтоб тебя́ че́рти!**»
    тьфу — передаёт звук плевка
    чтоб тебя́ че́рти! — ругательство: «Я хочу, чтобы тебя черти к себе взяли!»

22. «**Хлобыстни́-ка** её кнутом!»
    хлобыстну́ть (*прост.*) — ударить чем-либо

23. «...и чувство одиночества начинает мало-помалу **отлега́ть** от груди»
    отлега́ть / отле́чь — (употребляют обычно со словами «от сердца», «от души») — исчезнув, перестать беспокоить

24. «...пока не да́вится **вы́чурным, шестиэта́жным руга́тельством**...»
    вы́чурный — намеренно усложнённый
    шестиэта́жное руга́тельство — здесь: очень длинное

25. «А ты его легонечко **подбодри́** ... в шею!»
    подбодри́ть — здесь: слегка ударить, чтобы поторопить

26. «...**ста́рая холе́ра**» — очень грубое обращение к старому человеку

27. «Ведь шею **накостыля́ю**!»
    накостыля́ть (*грубо*) — побить

28. «...тебе **плева́ть** на наши слова...»
    плева́ть на кого-либо / что-либо (*грубо*) — безразлично, всё равно

29. «...звуки **подзаты́льника**...»
    подзаты́льник — удар рукой по затылку (задней части головы)

30. «Глаза Ионы ... бегают по то́лпам, **снýю́щим** по обе стороны улицы…»

   снова́ть — торопливо двигаться туда-сюда, мелькать перед глазами

31. «Иона видит **дво́рника** с кулько́м…»

   дво́рник — человек, работой которого является поддерживать чистоту и порядок во дворе и на улице около дома.

   кулёк — небольшой мешок

Памятник дворнику.
г. Балашиха

32. «Ему **невмоготý**»

   невмоготý (наречие) — не по силам

33. «... бежать **рысцо́й**...»

   рысцо́й — быстрыми мелкими шагами

34. **«И на овёс не вы́ездил»** — не смог заработать даже на овёс для лошади

35. «Человек, который знающий своё дело…» — правильно «человек, **знающий** своё дело»

36. **«Ста́ло быть**, пить!» — да, пить

37. «…а он ещё **путём** не говорил ни с кем»

   путём (*разг.*) — хорошо, правильно, как нужно, с пользой

38. **«Небо́сь**, выспишься»

   небо́сь (*просторечн.*) — выражает уверенность в чём-либо, вероятность: будет ещё время выспаться

39. **«Приказа́л до́лго жи́ть»** (поговорка) = умер

Уны́ние — безнадёжная печаль, скука
Впадать / впасть в уныние ≠ выходить — выйти из уныния
Наводить / навести уныние *на кого (В.п.)*
От уныния и следа не осталось.
На лице выражение уныния.
Не уныва́й! Не уныва́йте! (Всё будет хорошо! ☺)

ЗАДАНИЯ

 1 **Ответьте на вопросы.**

1. Как долго, по вашему мнению, ожидает Иона седоков в момент начала рассказа?
2. Почему «он согнулся, насколько только можно согнуться живому телу»?
3. Хорошая ли лошадь у Ионы? Почему вы так думаете?
4. Где эта лошадь жила раньше?
5. Как вы понимаете фразу «...и бросили сюда в этот омут...» ?
6. Кто кричит: «Куда прёшь, леший»?
7. Хорошую ли цену предложили трое новых седоков?
8. Как называют горбатого человека?
9. Из-за чего спорят трое седоков?
10. О чём Иона пытался поговорить с седоками?
11. Как отреагировал на слова Ионы первый пассажир (военный)? Как отреагировали трое других пассажиров?
12. Есть ли у Ионы жена?
13. Кого ищет глазами в толпе Иона?
14. Почему в глазах Ионы мучение? («Глаза Ионы мученически бегают по толпам...»). Почему глаза Ионы бегают?
15. Как давно умер сын Ионы? Есть ли у него ещё дети?
16. «Слушатель должен охать, вздыхать, причитывать...»: каким одним глаголом это можно назвать? (Подсказка: чувствовать вместе / переживать вместе)
17. Почему Ионе трудно одному думать про умершего сына?
18. Как вы думаете, почему Иона обращается к лошади *брат*(♂) *кобылочка* (♀)?
19. Выпишите из текста все сочетания со словом «тоска». Объясните, как вы их понимаете.

 2 **Напишите, от каких глаголов образованы эти причастия. Используйте образец.**

Образец: **упавший** сугроб — сугроб, который **упал**

Зажжённые фонари — ....
она **погружена** в мысль — ....
бегущие люди — ....
ресницы, **облепленные** снегом — ....
масса, **движущаяся** вперёд — ....
вертящееся тело — ....
обращённая к нему ругань — ....

гуляки, **исчезающие** в тёмном подъезде — ....
тоска, не **знающая** границ — ....
толпы, **снующие** по обе стороны улицы — ....
спящий — ....
человек, **знающий** своё дело — ....

3 Объясните значения слов и выражений. В скобках даны слова-
табу (☻), их нельзя использовать при объяснении*.

Сугроб (снег, куча ☻)

омут (вода, река, яма ☻)

привидение (белый видеть, старый замок ☻)

поговорить / рассказать путём, толком (рассказать всё по порядку, Иона, рассказ Чехова ☻)

приказал долго жить (умер ☻)

покойник (человек, умер ☻)

извозчик (Иона, таксист, лошадь ☻)

ёрзать (сидеть как на иголках ☻)

храпеть (нос, спать ☻)

тебе / ему плевать на мои слова (всё равно ☻)

подзатыльник (удар, голова ☻)

перебранка (ссора, браниться, ругаться ☻)

(кому) невмоготу (мочь ☻)

дворник (двор, убирать ☻)

тоска (грусть, Иона ☻)

фонарь (улица, лампа ☻)

погрузиться в мысль (глубоко, размышления, думать ☻)

кобыла (лошадь, женщина, женский ☻)

куда черти несут?! (чёрт, идти, ехать ☻)

вздрагивать (испуг ☻)

возмущаться / возмутиться

ругательство (плохие слова, говорить ☻)

 4 3. Расскажите (или напишите) эту историю от лица лошади Ионы
(Вы — лошадь ☺).

---

* Это задание можно выполнять в парах или группах: один человек приводит объ-
яснение-загадку, другой (другие) пытаются понять, о каком слове идёт речь (не глядя
в список слов!)

Дама с собачкой

А.П. Чехов

I

Говорили, что на набережной появилось новое лицо: дама с собачкой. Дмитрий Дмитрич Гуров, проживший в Ялте уже две недели и привыкший тут, тоже стал интересоваться новыми лицами. Сидя в павильоне у Верне*, он видел, как по набережной прошла молодая дама, невысокого роста блондинка, в берете; за нею бежал белый шпиц.

И потом он встречал её в городском саду и на сквере, по нескольку раз в день. Она гуляла одна, всё в том же берете, с белым шпицем; никто не знал, кто она, и называли её просто так: дама с собачкой.

«Если она здесь без мужа и без знакомых, — соображал Гуров, — то было бы не лишнее познакомиться с ней».

Ему не было ещё сорока, но у него была уже дочь двенадцати лет и два сына гимназиста. Его женили рано, когда он был ещё студентом второго курса, и теперь жена казалась в полтора раза старше его. Это была женщина высокая, с тёмными бровями, прямая, важная, солидная и, как она сама себя называла, мыслящая. Она много читала, не писала в письмах ъ, называла мужа не Дмитрием, а Димитрием, а он втайне считал её недалёкой, узкой, неизящной, боялся её и не любил бывать дома. Изменять ей он начал уже давно, изменял часто и, вероятно, поэтому о женщинах отзывался почти всегда дурно, и когда в его присутствии говорили о них, то он называл их так:

— Низшая раса!

Ему казалось, что он достаточно научен горьким опытом, чтобы называть их как угодно, но всё же без «низшей расы» он не мог бы прожить и двух дней. В обществе мужчин ему было скучно, не по себе, с ними он был неразговор-

* «Парижская» кондитерская Ю.И. Верне находилась на набережной в Ялте.

чив, холоден, но когда находился среди женщин, то чувствовал себя свободно и знал, о чём говорить с ними и как держать себя; и даже молчать с ними ему было легко. В его наружности, в характере, во всей его натуре было что-то привлекательное, неуловимое, что располагало к нему женщин, манило их; он знал об этом, и самого его тоже какая-то сила влекла к ним.

Опыт многократный, в самом деле горький опыт, научил его давно, что всякое сближение, которое вначале так приятно разнообразит жизнь и представляется милым и лёгким приключением, у порядочных людей, особенно у москвичей, тяжёлых на подъём, нерешительных, неизбежно вырастает в целую задачу, сложную чрезвычайно, и положение в конце концов становится тягостным. Но при всякой новой встрече с интересною женщиной этот опыт как-то ускользал из памяти, и хотелось жить, и всё казалось так просто и забавно.

И вот однажды, под вечер, он обедал в саду, а дама в берете подходила не спеша, чтобы занять соседний стол. Её выражение, походка, платье, причёска говорили ему, что она из порядочного общества, замужем, в Ялте в первый раз и одна, что ей скучно здесь... В рассказах о нечистоте местных нравов много неправды, он презирал их и знал, что такие рассказы в большинстве сочиняются людьми, которые сами бы охотно грешили, если б умели; но когда дама села за соседний стол в трёх шагах от него, ему вспомнились эти рассказы о лёгких победах, о поездках в горы, и соблазнительная мысль о скорой, мимолётной связи, о романе с неизвестною женщиной, которой не знаешь по имени и фамилии, вдруг овладела им.

Он ласково поманил к себе шпица и, когда тот подошёл, погрозил ему пальцем. Шпиц заворчал. Гуров опять погрозил.

Дама взглянула на него и тотчас же опустила глаза.

— Он не кусается, — сказала она и покраснела.

— Можно дать ему кость? — и когда она утвердительно кивнула головой, он спросил приветливо: — Вы давно изволили приехать в Ялту?

— Дней пять.

— А я уже дотягиваю здесь вторую неделю.

Помолчали немного.

— Время идёт быстро, а между тем здесь такая скука! — сказала она, не глядя на него.

— Это только принято говорить, что здесь скучно. Обыватель живёт у себя где-нибудь

Дама с собачкой.
К.А. Сомов

в Белёве и́ли Жи́здре* — и ему́ не ску́чно, а прие́дет сюда́: «Ах, ску́чно! Ах, пыль!» Поду́маешь, что он из Грена́ды прие́хал.

Она́ засмея́лась. Пото́м о́ба продолжа́ли есть мо́лча, как незнако́мые; но по́сле обе́да пошли́ ря́дом — и начался́ шутли́вый, лёгкий разгово́р люде́й свобо́дных, дово́льных, кото́рым всё равно́, куда́ бы ни идти́, о чём ни говори́ть. Они́ гуля́ли и говори́ли о том, как стра́нно освещено́ мо́ре; вода́ была́ сире́невого цве́та, тако́го мя́гкого и тёплого, и по ней от луны́ шла золота́я полоса́. Говори́ли о том, как ду́шно по́сле жа́ркого дня. Гу́ров рассказа́л, что он москви́ч, по образова́нию фило́лог, но слу́жит в ба́нке; гото́вился когда́-то петь в ча́стной о́пере, но бро́сил, име́ет в Москве́ два до́ма... А от неё он узна́л, что она́ вы́росла в Петербу́рге, но вы́шла за́муж в С., где живёт уже́ два го́да, что пробу́дет она́ в Ялте ещё с ме́сяц и за ней, быть мо́жет, прие́дет её муж, кото́рому то́же хо́чется отдохну́ть. Она́ ника́к не могла́ объясни́ть, где слу́жит её муж, — в губе́рнском правле́нии и́ли в губе́рнской земско́й упра́ве**, и э́то ей само́й бы́ло смешно́. И узна́л ещё Гу́ров, что её зову́т А́нной Серге́евной.

Пото́м у себя́ в но́мере он ду́мал о ней, о том, что за́втра она́, наве́рное, встре́тится с ним. Так должно́ быть. Ложа́сь спать, он вспо́мнил, что она́ ещё так неда́вно была́ институ́ткой, учи́лась всё равно́ как тепе́рь его́ дочь, вспо́мнил, ско́лько ещё несме́лости, углова́тости бы́ло в её сме́хе, в разгово́ре с незнако́мым, — должно́ быть, э́то пе́рвый раз в жи́зни она́ была́ одна́, в тако́й обстано́вке, когда́ за ней хо́дят, и на неё смо́трят, и говоря́т с ней то́лько с одно́ю та́йною це́лью, о кото́рой она́ не мо́жет не дога́дываться. Вспо́мнил он её то́нкую, сла́бую ше́ю, краси́вые се́рые глаза́.

«Что́-то в ней есть жа́лкое всё-таки», — поду́мал он и стал засыпа́ть.

II

Прошла́ неде́ля по́сле знако́мства. Был пра́здничный день. В ко́мнатах бы́ло ду́шно, а на у́лицах ви́хрем носи́лась пыль, срыва́ло шля́пы. Весь день хоте́лось пить, и Гу́ров ча́сто заходи́л в павильо́н и предлага́л Анне Серге́евне то воды́ с сиро́пом, то моро́женого. Не́куда бы́ло дева́ться.

Ве́чером, когда́ немно́го ути́хло, они́ пошли́ на мол, что́бы посмотре́ть, как придёт парохо́д. На при́стани бы́ло мно́го гуля́ющих; собрали́сь встреча́ть кого́-то, держа́ли буке́ты. И тут отчётливо броса́лись в глаза́ две осо́бенности наря́дной я́лтинской толпы́: пожилы́е да́мы бы́ли оде́ты, как молоды́е, и бы́ло мно́го генера́лов.

---

* **Белёв**, **Жи́здра** — провинциальные небольшие российские города.
** **Губе́рния** — основная административно-территориальная единица в России; губернское правление, губернская земская управа — административные учреждения в губернии.

По случаю волнения на море пароход пришёл поздно, когда уже село солнце, и, прежде чем пристать к молу, долго поворачивался. Анна Сергеевна смотрела в лорнетку на пароход и на пассажиров, как бы отыскивая знакомых, и когда обращалась к Гурову, то глаза у неё блестели. Она много говорила, и вопросы у неё были отрывисты, и она сама тотчас же забывала, о чём спрашивала; потом потеряла в толпе лорнетку.

Нарядная толпа расходилась, уже не было видно лиц, ветер стих совсем, а Гуров и Анна Сергеевна стояли, точно ожидая, не сойдёт ли ещё кто с парохода. Анна Сергеевна уже молчала и нюхала цветы, не глядя на Гурова.

— Погода к вечеру стала получше, — сказал он. — Куда же мы теперь пойдём? Не поехать ли нам куда-нибудь?

Она ничего не ответила.

Тогда он пристально поглядел на неё и вдруг обнял её и поцеловал в губы, и его обдало запахом и влагой цветов, и тотчас же он пугливо огляделся: не видел ли кто?

— Пойдёмте к вам... — проговорил он тихо.

И оба пошли быстро.

У неё в номере было душно, пахло духами, которые она купила в японском магазине. Гуров, глядя на неё теперь, думал: «Каких только не бывает в жизни встреч!» От прошлого у него сохранилось воспоминание о беззаботных, добродушных женщинах, весёлых от любви, благодарных ему за счастье, хотя бы очень короткое; и о таких, — как, например, его жена, — которые любили без искренности, с излишними разговорами, манерно, с истерией, с таким выражением, как будто то была не любовь, не страсть, а что-то более значительное; и о таких двух-трёх, очень красивых, холодных, у которых вдруг промелькало на лице хищное выражение, упрямое желание взять, выхватить у жизни больше, чем она может дать, и это были не первой молодости, капризные, не рассуждающие, властные, не умные женщины, и когда Гуров охладевал к ним, то красота их возбуждала в нём ненависть, и кружева на их белье казались ему тогда похожими на чешую.

Но тут всё та же несмелость, угловатость неопытной молодости, неловкое чувство; и было впечатление растерянности, как будто кто вдруг постучал в дверь. Анна Сергеевна, эта «дама с собачкой», к тому, что произошло, отнеслась как-то особенно, очень серьёзно, точно к своему падению, — так казалось, и это было странно и некстати. У неё опустились, завяли черты и по сторонам лица печально висели длинные волосы, она задумалась в унылой позе, точно грешница на старинной картине.

— Нехорошо, — сказала она. — Вы же первый меня не уважаете теперь.

На столе в номере был арбуз. Гуров отрезал себе ломоть и стал есть не спеша. Прошло по крайней мере полчаса в молчании.

Анна Сергеевна была трогательна, от неё веяло чистотой порядочной, наивной, мало жившей женщины; одинокая свеча, горевшая на столе, едва освещала её лицо, но было видно, что у неё нехорошо на душе.

— Отчего́ бы я мог переста́ть уважа́ть тебя́? — спроси́л Гу́ров. — Ты сама́ не зна́ешь, что говори́шь.

— Пусть бог меня́ прости́т! — сказа́ла она́, и глаза́ у неё напо́лнились слеза́ми. — Это ужа́сно.

— Ты то́чно опра́вдываешься.

— Чем мне оправда́ться? Я дурна́я, ни́зкая же́нщина, я себя́ презира́ю и об оправда́нии не ду́маю. Я не му́жа обману́ла, а самоё себя́. И не сейча́с то́лько, а уже́ давно́ обма́нываю. Мой муж, быть мо́жет, че́стный, хоро́ший челове́к, но ведь он лаке́й! Я не зна́ю, что он де́лает там, как слу́жит, а зна́ю то́лько, что он лаке́й. Мне, когда́ я вы́шла за него́, бы́ло два́дцать лет, меня́ томи́ло любопы́тство, мне хоте́лось чего́-нибудь полу́чше; ведь есть же, — говори́ла я себе́, — друга́я жизнь. Хоте́лось пожи́ть! Пожи́ть и пожи́ть... Любопы́тство меня́ жгло... вы э́того не понима́ете, но, кляну́сь бо́гом, я уже́ не могла́ владе́ть собо́й, со мной что́-то де́лалось, меня́ нельзя́ бы́ло удержа́ть, я сказа́ла му́жу, что больна́, и пое́хала сюда́... И здесь всё ходи́ла, как в уга́ре, как безу́мная... и вот я ста́ла по́шлой, дрянно́й же́нщиной, кото́рую вся́кий мо́жет презира́ть.

Гу́рову бы́ло уже́ ску́чно слу́шать, его́ раздража́л наи́вный тон, э́то покая́ние, тако́е неожи́данное и неуме́стное; е́сли бы не слёзы на глаза́х, то мо́жно бы́ло бы поду́мать, что она́ шу́тит и́ли игра́ет роль.

— Я не понима́ю, — сказа́л он ти́хо, — что же ты хо́чешь?

Она́ спря́тала лицо́ у него́ на груди́ и прижа́лась к нему́.

— Ве́рьте, ве́рьте мне, умоля́ю вас... — говори́ла она́. — Я люблю́ че́стную, чи́стую жизнь, а грех мне га́док, я сама́ не зна́ю, что де́лаю. Просты́е лю́ди говоря́т: нечи́стый попу́тал. И я могу́ тепе́рь про себя́ сказа́ть, что меня́ попу́тал нечи́стый.

Ялта, начало XX века

— По́лно, по́лно... — бормота́л он.

Он смотре́л ей в неподви́жные, испу́ганные глаза́, целова́л её, говори́л ти́хо и ла́сково, и она́ понемно́гу успоко́илась, и весёлость верну́лась к ней; ста́ли о́ба сме́яться.

Пото́м, когда́ они́ вы́шли, на на́бережной не́ было ни души́, го́род со сво́ими кипари́сами име́л совсе́м мёртвый вид, но мо́ре ещё шуме́ло и би́лось о бе́рег; оди́н барка́с кача́лся на волна́х, и на нём со́нно мерца́л фона́рик.

Нашли́ изво́зчика и пое́хали в Ореа́нду*.

— Я сейча́с внизу́ в пере́дней узна́л твою́ фами́лию; на доске́ напи́сано фон Ди́дериц, — сказа́л Гу́ров. — Твой муж не́мец?

— Нет, у него́, ка́жется, дед был не́мец, но сам он правосла́вный.

В Ореа́нде сиде́ли на скамье́, недалеко́ от це́ркви, смотре́ли вниз на мо́ре и молча́ли. Ялта была́ едва́ видна́ сквозь у́тренний тума́н, на верши́нах гор неподви́жно стоя́ли бе́лые облака́. Листва́ не шевели́лась на дере́вьях, крича́ли цика́ды, и однообра́зный, глухо́й шум мо́ря, доноси́вшийся сни́зу, говори́л о поко́е, о ве́чном сне, како́й ожида́ет нас. Так шуме́ло внизу́, когда́ ещё тут не́ было ни Ялты, ни Ореа́нды, тепе́рь шуми́т и бу́дет шуме́ть так же равноду́шно и глу́хо, когда́ нас не бу́дет. И в э́том постоя́нстве, в по́лном равноду́шии к жи́зни и сме́рти ка́ждого из нас кро́ется, быть мо́жет, зало́г на́шего ве́чного спасе́ния, непреры́вного движе́ния жи́зни на земле́, непреры́вного соверше́нства. Си́дя ря́дом с молодо́й же́нщиной, кото́рая на рассве́те каза́лась тако́й краси́вой, успоко́енный и очаро́ванный в виду́ э́той ска́зочной обстано́вки — мо́ря, гор, облако́в, широ́кого не́ба, Гу́ров ду́мал о том, как, в су́щности, е́сли вду́маться, всё прекра́сно на э́том све́те, всё, кро́ме того́, что мы са́ми мы́слим и де́лаем, когда́ забыва́ем о вы́сших це́лях бытия́, о своём челове́ческом досто́инстве.

Подошёл како́й-то челове́к — должно́ быть, сто́рож, — посмотре́л на них и ушёл. И э́та подро́бность показа́лась тако́й таи́нственной и то́же краси́вой. Ви́дно бы́ло, как пришёл парохо́д из Феодо́сии, освещённый у́тренней зарёй, уже́ без огне́й.

— Роса́ на траве́, — сказа́ла Анна Серге́евна по́сле молча́ния.

— Да. Пора́ домо́й.

Они́ верну́лись в го́род.

Пото́м ка́ждый по́лдень они́ встреча́лись на на́бережной, за́втракали вме́сте, обе́дали, гуля́ли, восхища́лись мо́рем. Она́ жа́ловалась, что ду́рно спи́т и что у неё трево́жно бьётся се́рдце, задава́ла всё одни́ и те же вопро́сы, волну́емая то ре́вностью, то стра́хом, что он недоста́точно её уважа́ет. И ча́сто на скве́ре и́ли в саду́, когда́ вблизи́ их никого́ не́ было, он вдруг привлека́л её к себе́ и целова́л стра́стно. Соверше́нная пра́здность, э́ти поцелу́и среди́ бе́лого дня, с огля́дкой и стра́хом, как бы кто не уви́дел, жара́, за́пах мо́ря и постоя́нное мелька́ние пе́ред глаза́ми пра́здных, наря́дных, сы́тых люде́й то́чно пере-

---

* **Ореа́нда** — царское имение в 6 километрах от Ялты.

роди́ли его́: он говори́л Анне Серге́евне о том, как она́ хороша́, как соблаз-
ни́тельна, был нетерпели́во стра́стен, не отходи́л от неё ни на шаг, а она́ ча́сто
заду́мывалась и всё проси́ла его́ созна́ться, что он её не уважа́ет, ниско́лько
не лю́бит, а то́лько ви́дит в ней по́шлую же́нщину. Почти́ ка́ждый ве́чер попо́зже
они́ уезжа́ли куда́-нибу́дь за го́род, в Ореа́нду и́ли на водопа́д*; и прогу́лка уда-
ва́лась, впечатле́ния неизме́нно вся́кий раз бы́ли прекра́сны, велича́вы.

Жда́ли, что прие́дет муж. Но пришло́ от него́ письмо́, в кото́ром он изве-
ща́л, что у него́ разболе́лись глаза́, и умоля́л жену́ поскоре́е верну́ться домо́й.
Анна Серге́евна заторопи́лась.

— Это хорошо́, что я уезжа́ю, — говори́ла она́ Гу́рову. — Это сама́ судьба́.

Она́ пое́хала на лошадя́х, и он провожа́л её. Е́хали це́лый день. Когда́ она́
сади́лась в ваго́н курье́рского по́езда и когда́ проби́л второ́й звоно́к, она́ говори́ла:

— Да́йте я погляжу́ на вас ещё... Погляжу́ ещё раз. Вот так.

Она́ не пла́кала, но была́ грустна́, то́чно больна́, и лицо́ у неё дрожа́ло.

— Я бу́ду о вас ду́мать... вспомина́ть, — говори́ла она́. — Госпо́дь с ва́ми,
остава́йтесь. Не помина́йте ли́хом. Мы навсегда́ проща́емся, э́то так ну́жно,
потому́ что не сле́довало бы во́все встреча́ться. Ну, госпо́дь с ва́ми.

По́езд ушёл бы́стро, его́ огни́ ско́ро исче́зли, и че́рез мину́ту уже́ не́ было
слы́шно шу́ма, то́чно всё сговори́лось наро́чно, что́бы прекрати́ть поскоре́е
э́то сла́дкое забытьё, э́то безу́мие. И, оста́вшись оди́н на платфо́рме и гля́дя
в тёмную даль, Гу́ров слу́шал крик кузне́чиков и гуде́ние телегра́фных про́волок
с таки́м чу́вством, как бу́дто то́лько что просну́лся. И он ду́мал о том, что вот
в его́ жи́зни бы́ло ещё одно́ похожде́ние и́ли приключе́ние, и оно́ то́же уже́
ко́нчилось, и оста́лось тепе́рь воспомина́ние... Он был растро́ган, гру́стен и
испы́тывал лёгкое раска́яние; ведь э́та молода́я же́нщина, с кото́рой он бо́ль-
ше уже́ никогда́ не уви́дится, не была́ с ним сча́стлива; он был приве́тлив с не́й
и серде́чен, но всё же в обраще́нии с ней, в его́ то́не и ла́сках сквози́ла те́нью
лёгкая насме́шка, грубова́тое высокоме́рие счастли́вого мужчи́ны, кото́рый
к тому́ же почти́ вдво́е ста́рше её. Всё вре́мя она́ называ́ла его́ до́брым, необык-
нове́нным, возвы́шенным; очеви́дно, он каза́лся ей не тем, чем был на са́мом
де́ле, зна́чит нево́льно обма́нывал её...

Здесь на ста́нции уже́ па́хло о́сенью, ве́чер был прохла́дный.

«Пора́ и мне на се́вер, — ду́мал Гу́ров, уходя́ с платфо́рмы. — Пора́!»

III

До́ма в Москве́ уже́ всё бы́ло по-зи́мнему, топи́ли пе́чи, и по утра́м, когда́
де́ти собира́лись в гимна́зию и пи́ли чай, бы́ло темно́, и ня́ня ненадо́лго за-
жига́ла ого́нь. Уже́ начали́сь моро́зы. Когда́ идёт пе́рвый снег, в пе́рвый день
езды́ на саня́х, прия́тно ви́деть бе́лую зе́млю, бе́лые кры́ши, ды́шится мя́гко,

---

*   Речь идёт о водопа́де, кото́рый нахо́дится в 9,5 киломе́трах от Ялты.

славно, и в это время вспоминаются юные годы. У старых лип и берёз, белых от инея, добродушное выражение, они ближе к сердцу, чем кипарисы и пальмы, и вблизи них уже не хочется думать о горах и море.

Гуров был москвич, вернулся он в Москву в хороший, морозный день, и когда надел шубу и тёплые перчатки и прошёлся по Петровке, и когда в субботу вечером услышал звон колоколов, то недавняя поездка и места, в которых он был, утеряли для него всё очарование. Мало-помалу он окунулся в московскую жизнь, уже с жадностью прочитывал по три газеты в день и говорил, что не читает московских газет из принципа. Его уже тянуло в рестораны, клубы, на званые обеды, юбилеи, и уже ему было лестно, что у него бывают известные адвокаты и артисты и что в докторском клубе он играет в карты* с профессором. Уже он мог съесть целую порцию селянки на сковородке...

Пройдёт какой-нибудь месяц, и Анна Сергеевна, казалось ему, покроется в памяти туманом и только изредка будет сниться с трогательной улыбкой, как снились другие. Но прошло больше месяца, наступила глубокая зима, а в памяти всё было ясно, точно расстался он с Анной Сергеевной только вчера. И воспоминания разгорались всё сильнее. Доносились ли в вечерней тишине в его кабинет голоса детей, приготовлявших уроки, слышал ли он романс или орган в ресторане, или завывала в камине метель, как вдруг воскресало в памяти всё: и то, что было на молу, и раннее утро с туманом на горах, и пароход из Феодосии, и поцелуи. Он долго ходил по комнате, и вспоминал, и улыбался, и потом воспоминания переходили в мечты, и прошедшее в воображении мешалось с тем, что будет. Анна Сергеевна не снилась ему, а шла за ним всюду, как тень, и следила за ним. Закрывши глаза, он видел её, как живую, и она казалась красивее, моложе, нежнее, чем была; и сам он казался себе лучше, чем был тогда, в Ялте. Она по вечерам глядела на него из книжного шкафа, из камина, из угла, он слышал её дыхание, ласковый шорох её одежды. На улице он провожал взглядом женщин, искал, нет ли похожей на неё...

И уже томило сильное желание поделиться с кем-нибудь своими воспоминаниями. Но дома нельзя было говорить о своей любви, а вне дома — не с кем. Не с жильцами же и не в банке. И о чём говорить? Разве он любил тогда? Разве было что-нибудь красивое, поэтическое, или поучительное, или просто интересное в его отношениях к Анне Сергеевне? И приходилось говорить неопределённо о любви, о женщинах, и никто не догадывался, в чём дело, и только жена шевелила своими тёмными бровями и говорила:

— Тебе, Димитрий, совсем не идёт роль фата.

Однажды ночью, выходя из докторского клуба со своим партнёром, чиновником, он не удержался и сказал:

— Если бы вы знали, с какой очаровательной женщиной я познакомился в Ялте!

---

* Докторский клуб, или клуб врачей, в котором бывал и А.П. Чехов, находился в Москве на улице Большая Дмитровка.

Чино́вник сел в са́ни и пое́хал, но вдруг оберну́лся и окли́кнул:

— Дми́трий Дми́трич!

— Что?

— А да́веча вы бы́ли пра́вы: осетри́на-то с душко́м!

Э́ти слова́, таки́е обы́чные, почему́-то вдруг возмути́ли Гу́рова, показа́-лись ему́ унизи́тельными, нечи́стыми. Каки́е ди́кие нра́вы, каки́е ли́ца! Что за бестолко́вые но́чи, каки́е неинтере́сные, незаме́тные дни! Неи́стовая игра́ в ка́рты, обжо́рство, пья́нство, постоя́нные разгово́ры всё об одно́м. Нену́ж-ные дела́ и разгово́ры всё об одно́м отхва́тывают на свою́ до́лю лу́чшую часть вре́мени, лу́чшие си́лы, и в конце́ концо́в остаётся кака́я-то ку́цая, бескры́лая жизнь, кака́я-то чепуха́, и уйти́ и бежа́ть нельзя́, то́чно сиди́шь в сумасше́д-шем до́ме и́ли в аресга́нтских ро́тах!

Гу́ров не спал всю ночь и возмуща́лся, и зате́м весь день провёл с головно́й бо́лью. И в сле́дующие но́чи он спал ду́рно, всё сиде́л в посте́ли и ду́мал и́ли ходи́л из угла́ в у́гол. Де́ти ему́ надое́ли, банк надое́л, не хоте́лось никуда́ идти́, ни о чём говори́ть.

В декабре́ на пра́здниках он собра́лся в доро́гу и сказа́л жене́, что уезжа́ет в Петербу́рг хлопота́ть за одного́ молодо́го челове́ка, — и уе́хал в С. Заче́м? Он и сам не знал хорошо́. Ему́ хоте́лось повида́ться с А́нной Серге́евной и погово-ри́ть, устро́ить свида́ние, е́сли мо́жно.

Прие́хал он в С. у́тром и за́нял в гости́нице лу́чший но́мер, где весь пол был обтя́нут се́рым солда́тским сукно́м и была́ на столе́ черни́льница, се́рая от пы́ли, со вса́дником на ло́шади, у кото́рого была́ по́днята рука́ со шля́пой, а голова́ отби́та. Швейца́р дал ему́ ну́жные све́дения: фон Ди́дериц живёт на Ста́ро-Гонча́рной у́лице, в со́бственном до́ме — э́то недалеко́ от гости́ницы, живёт хорошо́, бога́то, име́ет свои́х лошаде́й, его́ все зна́ют в го́роде. Швейца́р выгова́ривал так: Дры́дыриц.

Гу́ров не спеша́ пошёл на Ста́ро-Гонча́рную, отыска́л дом. Как раз про́тив до́ма тяну́лся забо́р, се́рый, дли́нный, с гвоздя́ми.

«От тако́го забо́ра убежи́шь», — ду́мал Гу́ров, погля́дывая то на о́кна, то на забо́р.

Он сообража́л: сего́дня день непрису́тственный, и муж, вероя́тно, до́ма. Да и всё равно́, бы́ло бы беста́ктно войти́ в дом и смути́ть. Е́сли же посла́ть запи́ску, то она́, пожа́луй, попадёт в ру́ки му́жу, и тогда́ всё мо́жно испо́ртить. Лу́чше всего́ положи́ться на слу́чай. И он всё ходи́л по у́лице и о́коло забо́ра и поджида́л э́того слу́чая. Он ви́дел, как в воро́та вошёл ни́щий и на него́ напа́ли соба́ки, пото́м, час спустя́, слы́шал игру́ на роя́ле, и зву́ки доноси́лись сла́бые, нея́сные. Должно́ быть, А́нна Серге́евна игра́ла. Пара́дная дверь вдруг отвори́лась, и из неё вы́шла кака́я-то стару́шка, а за не́ю бежа́л знако́мый бе́лый шпиц. Гу́ров хоте́л позва́ть соба́ку, но у него́ вдруг заби́лось се́рдце, и он от волне́ния не мог вспо́мнить, как зову́т шпи́ца.

Он ходи́л и всё бо́льше и бо́льше ненави́дел се́рый забо́р, и уже́ ду́мал с раздраже́нием, что А́нна Серге́евна забы́ла о нём и, быть мо́жет, уже́ развлека́ется с други́м, и э́то так есте́ственно в положе́нии молодо́й же́нщины, кото́рая вы́нуждена с утра́ до ве́чера ви́деть э́тот прокля́тый забо́р. Он верну́лся к себе́ в но́мер и до́лго сиде́л на дива́не, не зна́я, что де́лать, пото́м обе́дал, пото́м до́лго спал.

«Как всё э́то глу́по и беспоко́йно, — ду́мал он, просну́вшись и гля́дя на тёмные о́кна; был уже́ ве́чер. — Вот и вы́спался заче́м-то. Что же я тепе́рь но́чью бу́ду де́лать?»

Он сиде́л на посте́ли, покры́той дешёвым се́рым, то́чно больни́чным, одея́лом, и дразни́л себя́ с доса́дой:

«Вот тебе́ и да́ма с соба́чкой... Вот тебе́ и приключе́ние... Вот и сиди́ тут».

Ещё у́тром, на вокза́ле, ему́ бро́силась в глаза́ афи́ша с о́чень кру́пными бу́квами: шла в пе́рвый раз «Ге́йша»*. Он вспо́мнил об э́том и пое́хал в теа́тр.

«О́чень возмо́жно, что она́ быва́ет на пе́рвых представле́ниях», — ду́мал он.

Теа́тр был по́лон. И тут, как вообще́ во всех губе́рнских теа́трах, был тума́н повы́ше лю́стры, шу́мно беспоко́илась галёрка; в пе́рвом ряду́ пе́ред нача́лом представле́ния стоя́ли ме́стные фра́нты, заложи́в ру́ки наза́д; и тут, в губерна́торской ло́же, на пе́рвом ме́сте сиде́ла губерна́торская дочь в боа́, а сам губерна́тор скро́мно пря́тался за портье́рой, и видны́ бы́ли то́лько его́ ру́ки; кача́лся за́навес, орке́стр до́лго настра́ивался. Всё вре́мя, пока́ пу́блика входи́ла и занима́ла места́, Гу́ров жа́дно иска́л глаза́ми.

Вошла́ и А́нна Серге́евна. Она́ се́ла в тре́тьем ряду́, и когда́ Гу́ров взгляну́л на неё, то се́рдце у него́ сжа́лось, и он по́нял я́сно, что для него́ тепе́рь на всём све́те нет бли́же, доро́же и важне́е челове́ка; она́, затеря́вшаяся в провинциа́льной толпе́, э́та ма́ленькая же́нщина, ниче́м не замеча́тельная, с вульга́рною лорне́ткой в рука́х, наполня́ла тепе́рь всю его́ жизнь, была́ его́ го́рем, ра́достью, еди́нственным сча́стьем, како́го он тепе́рь жела́л для себя́; и под зву́ки плохо́го орке́стра, дрянны́х обыва́тельских скри́пок, он ду́мал о том, как она́ хороша́. Ду́мал и мечта́л.

Вме́сте с А́нной Серге́евной вошёл и сел ря́дом молодо́й челове́к с небольши́ми ба́кенами, о́чень высо́кий, суту́лый; он при ка́ждом ша́ге пока́чивал голово́й и, каза́лось, постоя́нно кла́нялся. Вероя́тно, э́то был муж, кото́рого она́ тогда́ в Я́лте, в поры́ве го́рького чу́вства, обозвала́ лаке́ем. И в са́мом де́ле, в его́ дли́нной фигу́ре, в ба́кенах, в небольшо́й лы́сине бы́ло что́-то лаке́йски-скро́мное, улыба́лся он сла́дко, и в петли́це у него́ блесте́л како́й-то учёный значо́к, то́чно лаке́йский но́мер.

В пе́рвом антра́кте муж ушёл кури́ть, она́ оста́лась в кре́сле. Гу́ров, сиде́вший то́же в парте́ре, подошёл к ней и сказа́л дрожа́щим го́лосом, улыба́ясь наси́льно:

— Здра́вствуйте.

---

* **«Ге́йша»** — опере́тта английского композитора С. Джонса, впервые поставленная в Москве в 1897 году.

Она́ взгляну́ла на него́ и побледне́ла, пото́м ещё раз взгляну́ла с у́жасом, не ве́ря глаза́м, и кре́пко сжа́ла в рука́х вме́сте ве́ер и лорне́тку, очеви́дно боря́сь с собо́й, что́бы не упа́сть в о́бморок. О́ба молча́ли. Она́ сиде́ла, он стоя́л, испу́ганный её смуще́нием, не реша́ясь сесть ря́дом. Запе́ли настра́иваемые скри́пки и фле́йта, ста́ло вдруг стра́шно, каза́лось, что из всех лож смо́трят. Но вот она́ вста́ла и бы́стро пошла́ к вы́ходу; он — за ней, и о́ба шли бестолко́во, по коридо́рам, по ле́стницам, то поднима́ясь, то спуска́ясь, и мелька́ли у них пе́ред глаза́ми каки́е-то лю́ди в суде́йских, учи́тельских и уде́льных мунди́рах*, и все со значка́ми; мелька́ли да́мы, шу́бы на ве́шалках, дул сквозно́й ве́тер, обдава́я за́пахом таба́чных оку́рков. И Гу́ров, у кото́рого си́льно би́лось се́рдце, ду́мал:

«О го́споди! И к чему́ э́ти лю́ди, э́тот орке́стр...»

И в э́ту мину́ту он вдруг вспо́мнил, как тогда́ ве́чером на ста́нции, проводи́в Анну Серге́евну, говори́л себе́, что всё ко́нчилось и они́ уже́ никогда́ не уви́дятся. Но как ещё далеко́ бы́ло до конца́!

На у́зкой, мра́чной ле́стнице, где бы́ло напи́сано «Ход в амфитеа́тр», она́ останови́лась.

— Как вы меня́ испуга́ли! — сказа́ла она́, тяжело́ дыша́, всё ещё бле́дная, ошеломлённая. — О, как вы меня́ испуга́ли! Я едва́ жива́. Заче́м вы прие́хали? Заче́м?

— Но пойми́те, А́нна, пойми́те... — проговори́л он вполго́лоса, торопя́сь. — Умоля́ю вас, пойми́те...

Она́ гляде́ла на него́ со стра́хом, с мольбо́й, с любо́вью, гляде́ла при́стально, что́бы покре́пче задержа́ть в па́мяти его́ черты́.

— Я так страда́ю! — продолжа́ла она́, не слу́шая его́. — Я всё вре́мя ду́мала то́лько о вас, я жила́ мы́слями о вас. И мне хоте́лось забы́ть, забы́ть, но заче́м, заче́м вы прие́хали?

По́выше, на площа́дке, два гимнази́ста кури́ли и смотре́ли вниз, но Гу́рову бы́ло всё равно́, он привлёк к себе́ А́нну Серге́евну и стал целова́ть её лицо́, щёки, ру́ки.

— Что вы де́лаете, что вы де́лаете! — говори́ла она́, в у́жасе, отстраня́я его́ от себя́. — Мы с ва́ми обезу́мели. Уезжа́йте сего́дня же, уезжа́йте сейча́с... Заклина́ю вас всем святы́м, умоля́ю... Сюда́ иду́т!

По ле́стнице сни́зу вверх кто́-то шёл.

— Вы должны́ уе́хать... — продолжа́ла А́нна Серге́евна шёпотом. — Слы́шите, Дми́трий Дми́трич? Я прие́ду к вам в Москву́. Я никогда́ не была́ сча́стлива, я тепе́рь несча́стна и никогда́, никогда́ не бу́ду сча́стлива, никогда́! Не заставля́йте же меня́ страда́ть ещё бо́льше! Кляну́сь, я прие́ду в Москву́. А тепе́рь расста́немся! Мой ми́лый, до́брый, дорого́й мой, расста́немся!

---

* **Уде́льные мунди́ры** — мунди́ры, кото́рые носи́ли чино́вники управле́ний, ве́давших со́бственностью и иму́ществом ца́рской семьи́.

Она́ пожа́ла ему́ ру́ку и ста́ла бы́стро спуска́ться вниз, всё огля́дываясь на него́, и по глаза́м её бы́ло ви́дно, что она́ в са́мом де́ле не была́ сча́стлива... Гу́ров постоя́л немно́го, прислу́шался, пото́м, когда́ всё ути́хло, отыска́л свою́ ве́шалку и ушёл из теа́тра.

IV

И Анна Серге́евна ста́ла приезжа́ть к нему́ в Москву́. Раз в два-три ме́сяца она́ уезжа́ла из С. и говори́ла му́жу, что е́дет посове́товаться с профе́ссором насчёт свое́й же́нской боле́зни, — и муж ве́рил и не ве́рил. Прие́хав в Москву́, она́ остана́вливалась в «Славя́нском база́ре» и то́тчас же посыла́ла к Гу́рову челове́ка в кра́сной ша́пке. Гу́ров ходи́л к ней, и никто́ в Москве́ не зна́л об э́том.

Одна́жды он шёл к ней таки́м о́бразом в зи́мнее у́тро (посы́льный был у него́ накану́не ве́чером и не заста́л). С ним шла его́ дочь, кото́рую хоте́лось ему́ проводи́ть в гимна́зию, э́то бы́ло по доро́ге. Вали́л кру́пный мо́крый снег.

— Тепе́рь три гра́дуса тепла́, а ме́жду тем идёт снег, — говори́л Гу́ров до́чери. — Но ведь э́то тепло́ то́лько на пове́рхности земли́, в ве́рхних же слоя́х атмосфе́ры совсе́м друга́я температу́ра.

— Па́па, а почему́ зимо́й не быва́ет гро́ма?

Он объясни́л и э́то. Он говори́л и ду́мал о том, что вот он идёт на свида́ние, и ни одна́ жива́я душа́ не зна́ет об э́том и, вероя́тно, никогда́ не бу́дет знать. У него́ бы́ли две жи́зни: одна́ я́вная, кото́рую ви́дели и зна́ли все, кому́ э́то ну́жно бы́ло, по́лная усло́вной пра́вды и усло́вного обма́на, похо́жая соверше́нно на жизнь его́ знако́мых и друзе́й, и друга́я — протека́вшая та́йно. И по како́му-то стра́нному стече́нию обстоя́тельств, быть мо́жет случа́йному, всё, что бы́ло для него́ ва́жно, интере́сно, необходи́мо, в чём он был и́скренен и не обма́нывал себя́, что составля́ло зерно́ его́ жи́зни, происходи́ло та́йно от други́х, всё же, что бы́ло его́ ло́жью, его́ оболо́чкой, в кото́рую он пря́тался, что́бы скрыть пра́вду, как, наприме́р, его́ слу́жба в ба́нке, спо́ры в клу́бе, его́ «ни́зшая ра́са», хожде́ние с жено́й на юбиле́и, — всё э́то бы́ло я́вно. И по себе́ он суди́л о други́х, не ве́рил тому́, что ви́дел, и всегда́ предполага́л, что у ка́ждого челове́ка под покро́вом та́йны, как под покро́вом но́чи, прохо́дит его́ настоя́щая, са́мая интере́сная жизнь. Ка́ждое ли́чное существова́ние де́ржится на та́йне, и, быть мо́жет, отча́сти поэ́тому культу́рный челове́к так не́рвно хлопо́чет о том, что́бы уважа́лась ли́чная та́йна.

Проводи́в дочь в гимна́зию, Гу́ров отпра́вился в «Славя́нский база́р». Он снял шу́бу внизу́, подня́лся наве́рх и ти́хо постуча́л в дверь. Анна Серге́евна, оде́тая в его́ люби́мое се́рое пла́тье, утомлённая доро́гой и ожида́нием, поджида́ла его́ со вчера́шнего ве́чера; она́ была́ бледна́, гляде́ла на него́ и не улыба́лась, и едва́ он вошёл, как она́ уже́ припа́ла к его́ груди́. То́чно они́ не ви́делись го́да два, поцелу́й их был до́лгий, дли́тельный.

— Ну, как живёшь там? — спроси́л он. — Что но́вого?

Свидание. Кукрыниксы

— Погоди́, сейча́с скажу́... Не могу́.

Она́ не могла́ говори́ть, так как пла́кала. Отверну́лась от него́ и прижа́ла плато́к к глаза́м.

«Ну, пуска́й попла́чет, а я пока́ посижу́», — поду́мал он и сел в кре́сло.

Пото́м он позвони́л и сказа́л, чтобы ему́ принесли́ ча́ю; и пото́м, когда́ пил чай, она́ всё стоя́ла, отверну́вшись к окну́... Она́ пла́кала от волне́ния, от ско́рбного созна́ния, что их жизнь так печа́льно сложи́лась; они́ ви́дятся то́лько та́йно, скрыва́ются от люде́й, как во́ры! Ра́зве жизнь их не разби́та?

— Ну, переста́нь! — сказа́л он.

Для него́ бы́ло очеви́дно, что э́та их любо́вь ко́нчится ещё не ско́ро, неизве́стно когда́. Анна Серге́евна привя́зывалась к нему́ всё сильне́е, обожа́ла его́, и бы́ло бы немы́слимо сказа́ть ей, что всё э́то должно́ же име́ть когда́-нибу́дь коне́ц; да она́ бы и не пове́рила э́тому.

Он подошёл к ней и взял её за пле́чи, чтобы приласка́ть, пошути́ть, и в э́то вре́мя уви́дел себя́ в зе́ркале.

Голова́ его́ уже́ начина́ла седе́ть. И ему́ показа́лось стра́нным, что он так постаре́л за после́дние го́ды, так подурне́л. Пле́чи, на кото́рых лежа́ли его́ ру́ки, бы́ли теплы́ и вздра́гивали. Он почу́вствовал сострада́ние к э́той жи́зни, ещё тако́й тёплой и краси́вой, но, вероя́тно, уже́ бли́зкой к тому́, чтобы нача́ть блёкнуть и вя́нуть, как его́ жизнь. За что она́ его́ лю́бит так? Он всегда́ каза́лся же́нщинам не тем, кем был, и люби́ли они́ в нём не его́ самого́, а челове́ка, кото́рого создава́ло их воображе́ние и кото́рого они́ в свое́й жи́зни жа́дно иска́ли; и пото́м, когда́ замеча́ли свою́ оши́бку, то всё-таки люби́ли. И ни одна́ из них не была́ с ним сча́стлива. Вре́мя шло, он знако́мился, сходи́лся, расстава́лся, но ни ра́зу не люби́л; бы́ло всё, что уго́дно, но то́лько не любо́вь.

И то́лько тепе́рь, когда́ у него́ голова́ ста́ла седо́й, он полюби́л как сле́дует, по-настоя́щему — пе́рвый раз в жи́зни.

Анна Серге́евна и он люби́ли друг дру́га, как о́чень бли́зкие, родны́е лю́ди, как муж и жена́, как не́жные друзья́; им каза́лось, что сама́ судьба́ предназна́чила их друг для дру́га, и бы́ло непоня́тно, для чего́ он жена́т, а она́ за́мужем; и то́чно э́то бы́ли две перелётные пти́цы, саме́ц и са́мка, кото́рых пойма́ли и заста́вили жи́ть в отде́льных кле́тках. Они́ прости́ли друг дру́гу то, чего́ стыди́лись в своём про́шлом, проща́ли всё в настоя́щем и чу́вствовали, что э́та их любо́вь измени́ла их обо́их.

Пре́жде в гру́стные мину́ты он успока́ивал себя́ вся́кими рассужде́ниями, каки́е то́лько приходи́ли ему́ в го́лову, тепе́рь же ему́ бы́ло не до рассужде́ний, он чу́вствовал глубо́кое сострада́ние, хоте́лось быть и́скренним, не́жным...

— Переста́нь, моя́ хоро́шая, — говори́л он, — попла́кала — и бу́дет... Тепе́рь дава́й поговори́м, что́-нибудь приду́маем.

Пото́м они́ до́лго сове́товались, говори́ли о том, как изба́вить себя́ от необходи́мости пря́таться, обма́нывать, жить в ра́зных города́х, не ви́деться подо́лгу. Как освободи́ться от э́тих невыноси́мых пут?

— Как? Как? — спра́шивал он, хвата́я себя́ за го́лову. — Как?

И каза́лось, что ещё немно́го — и реше́ние бу́дет на́йдено, и тогда́ начнётся но́вая, прекра́сная жизнь; и обо́им бы́ло я́сно, что до конца́ ещё далеко́-далеко́ и что са́мое сло́жное и тру́дное то́лько ещё начина́ется.

1899 год

Источник: Чехов А.П. Полное собрание сочинений и писем. В 30 т. Т. 4. М.: Наука, 1984.

ЗАДАНИЯ

 Прочитайте рассказ этого персонажа о себе. Всё ли в этом рассказе правда? Исправьте, что неправильно.

Меня зовут Гуров Дмитрий Дмитрич. Мне почти пятьдесят лет. Живу я в Москве. Человек я не бедный. Моя жена младше меня на 12 лет. Женился я на ней, когда она была студенткой второго курса. У нас трое детей: две дочери и сын. Жена моя — женщина очень умная, очень худая, очень высокая и не очень изящная. Несмотря на то, что она много читает, мне она кажется несколько ограниченной. Я её обожаю и немножко боюсь. Честно говоря, я обожаю всех женщин, хотя и считаю их низшей расой. Мне в обществе женщин легко, я всегда знаю, о чём мне с ними говорить. Кажется, женщинам я тоже нравлюсь. Жене своей я никогда не изменяю. Всё свободное время я стараюсь проводить дома.

 Ответьте на вопросы (часть I).

1. Кто приехал в Ялту раньше — Гуров или дама с собачкой?
2. Какого цвета были волосы у дамы с собачкой? Какого цвета была её собачка?
3. Какие детали позволили Гурову сделать вывод, что дама из порядочного общества, замужем, в Ялте первый раз?

4. Видела ли дама, что Гуров грозил собачке пальцем? Почему вы так решили?
5. Правда ли, что Гуров пересел за стол к даме и они закончили обед вместе?
6. Что странного было в море в тот вечер?

3 **От лица Анны расскажите, что произошло после обеда между ней и Гуровым.**

4 **Перескажите мысли Гурова в номере гостиницы от первого лица. (Вы — Гуров. Начните так: «Потом у себя в номере я думал о том, что...»)**

5 **Заполните пропуски подходящими по смыслу словами* (часть II).**

Рассказывает Гуров

Прошла неделя после нашего знакомства. Был .... (праздник) день. После того как все люди на пристани разошлись, я .... (прстлн) поглядел на Анну, ... (обнл) её и поцеловал.

Мы пошли к ней. К тому, что произошло потом, Анна отнеслась как-то очень .... (срзн). Она сидела на кровати в .... (у-ы-о) позе, точно .... (грех / грешить) на старой картине.

Мне захотелось есть. Я............................ (резать) кусок арбуза. Анна начала говорить, что она .... (нзк, дрн) женщина, что она .... (обман) мужа, что её всякий может .... (прзрт).

Мне было .... (= неинтересно) всё это слушать, меня .... (рздржл) её тон. Это покаяние было .... (= этого никто не ждал) и .... (= не к месту). Я даже подумал, что она .... (ха-ха / клоун) или играет. Но на глазах её были .... (она плакала).

Потом, когда поезд Анны ушёл и я остался один на платформе, я почувствовал лёгкое .... (Каин/ каяться): ведь она не была со мною счастлива. Я был намного старше и опытнее её. Она называла меня .... (= не такой, как все), ... Кажется, я .... ей совсем не тем, чем я был. Ну да ладно. Вот было в моей жизни ещё одно .... (= авантюра) или .... (ходить / пхждн). Пора и мне домой.

---

* В скобках — слова-помощники.

Рассказывает Анна

Это ужасно! Я — ...., ... женщина. Я обманула не только мужа, но и .... Я сама не знаю, что .... (= творю / дело). Говорят: .... (чистый / чёрт) попутал. Вот и про меня можно сказать, что меня .... Грех мне .... (= противен / гадость). Я люблю .... (чстн), ...(чст) жизнь!

Муж у меня, может, ... (чстн) и хороший человек, но он лакей! Я не могла больше находиться в С.! Меня .... (как огонь: ж...) любопытство, со мною что-то .... (= происхо-дило: д...), я не могла .... (влдт) собой. Я сказала мужу, что .... (болезнь), и приехала сюда!

Это хорошо, что он не приедет, хорошо, что Гурова я больше никогда не .... Гуров — он .... (дбр), необыкновенный, ...(взвшн / возвышать / возвысить)! Ах, не .... (след) нам встречаться!

Когда мы прощались на вокзале, я долго .... на него. Мне хотелось навсегда .... его лицо.

«Ну, не ....(пмн) лихом!», — сказала я ему. «Господь с ....!» Я не плакала, но, кажется, лицо моё ....(држл).

6 Ответьте на вопросы от первого лица. Представьте, что вы — Гуров (часть III).

1. Какие две «проблемы» появились у Гурова после того, как он вернулся в Москву?
2. Как эти проблемы отразились на здоровье Гурова?
3. Какое «решение» для этих проблем нашёл Гуров?
4. Что делал Гуров в С.? Опишите его обычный день.
5. Какой цвет «главенствует» в городе С. (то, как видит Гуров)?
6. При каких двух встречах забилось сердце Гурова?
7. С какими мыслями сидел Гуров в номере гостиницы?

7 Заполните пропуски подходящими по смыслу словами (в скоб-ках слова-помощники ☺).

1. Я приехал в театр. Зал был полон. Вошла Анна Сергеевна. Моё сердце .... (сжлс). Я .... (взгн) на неё и понял, что теперь на всём свете нет .... (близкий), ... (дорогой) и .... (важный) человека. Она .... мою жизнь. Она моё .... (г... / горькое), моя ...., моё единственное ....

Потом, в антракте, когда мы стояли на какой-то лестнице, она попросила меня, чтобы я не .... её страдать, она .... (пкллсь), что приедет в Москву. Потом она .... (пжл) мою руку, стала быстро спускаться, но всё .... (оглдвлсь) на меня. Было видно, что она не была .... (☺).

2. Начался антракт. Мой муж ушёл курить, я осталась в кресле. Вдруг очень знакомый голос сказал: «Здравствуйте!». Я подняла глаза и, о боже! Этого не ....! Гуров!? Я подумала, что вот-вот упаду в .... Но что же делать? Я встала и пошла к выходу. Я хотела .... — вон из театра! Все смотрят на меня! Все увидят, расскажут мужу! Я пошла куда глаза глядят — я шла по каким-то лестницам, коридорам, не разбирая дороги. На какой-то .... (неширокой) .... (мрак) лестнице мы остановились. Мне было трудно ...., я была .... (шлем / о...). Боже, как он меня .... (БУ! / Аааа!) !

8 **Заполните пропуски подходящими по смыслу глаголами движения в нужной форме (часть IV).**

Анна стала .... к Гурову в Москву. Мужу она говорила, что .... к доктору. Из своего города С. она .... раз в два-три месяца. .... (герундий) в Москву, она посылала Гурову человека в красной шапке. Гуров .... к ней, и никто об этом не знал.

Однажды он .... к ней и вместе с ним .... его дочь. Он рассказывал ей, почему .... снег, и думал о том, что вот он .... на свидание, и ни одна живая душа не знает об этом.

Как только он .... к Анне в номер, она припала к его груди, потом заплакала. Он .... к ней, взял её за плечи, и в это время увидел себя в зеркало...

Раньше, в грустные минуты, он успокаивал себя всякими рассуждениями, которые .... ему в голову, но теперь ему было не до рассуждений, ему хотелось быть искренним, нежным...

9 **Вы — Гуров. Напишите продолжение истории.**

Анна плакала. Я обнял её, и в этот момент увидел себя в зеркало. Голова моя...

А.П. Чехов

10 Вы — Анна. Вы приехали к Гурову в Москву. Вы ждёте его в номере гостиницы. Он приходит. Вы начали плакать. Почему? Сделайте небольшую запись в вашем дневнике или напишите своей самой близкой подруге короткое письмо о своих чувствах в минуты встречи с Гуровым.

 11 Ответьте на вопросы.

1. Гуров «почувствовал сострадание к этой жизни, ещё такой тёплой и красивой, но, вероятно, уже близкой к тому, чтобы начать блёкнуть и вянуть...». Что, по-вашему, имеет в виду Гуров, когда говорит, что жизнь близка к тому, чтобы «начать блёкнуть и вянуть». (Подсказка: что может блёкнуть и вянуть буквально?)

2. Что было явной жизнью Гурова? Почему он называет эту явную жизнь оболочкой?

3. Как вы понимаете выражение «под покровом тайны»?

4. Почему Гуров считает, что люди хлопочут о том, чтобы уважалась личная тайна?

5. Говорят «жизнь сложилась», «жизнь удачно / печально сложилась», «жизнь не сложилась», «жизнь не складывается»... С какими ещё словами можно использовать глаголы *(не) складываться / сложиться*?

6. Выпишите из рассказа все сочетания со словом «жизнь».

7. Какие страхи, опасения были у Анны и Гурова? Что их мучило? (Вы — их личный психолог.)

8. О какой жизни мечтают Анна и Дмитрий?

 12 Вы — адвокат Анны и Гурова. Найдите решение для их ситуации. Придумайте и напишите окончание их истории.

 13 Расскажите свою историю любви, в которой не всё может быть правдой. Вы можете использовать сюжеты из художественных и музыкальных произведений, исторические события (не забудьте про выражения эмоций и переживаний)*.

---

* Задание слушателям: что в рассказе, который вы услышали, на ваш взгляд, не может быть правдой?

14 **Заполните пропуски подходящими по смыслу словами (эмоциональное состояние персонажей и кое-что ещё…).**

1. После прощания с Анной Гуров испытывал лёгкое ....
2. Гуров хотел .... с кем-нибудь своими воспоминаниями.
3. Приехав в город С., Гуров решил .... на случай и ждать удобного момента.
4. На вокзале С. утром в глаза Гурову .... афиша с очень крупными буквами.
5. Когда Гуров увидел Анну в театре, сердце его ...., и он понял, что .... Анны нет теперь для него человека.
6. Когда в антракте Гуров подошёл к Анне и хотел поздороваться, голос его ....
7. Анна, увидев Гурова, ..., сильно .... в руках веер. Гуров испугался, что она упадёт в ....

15 **Заполните пропуски словами, подходящими по смыслу. Используйте материал рассказа.**

1. Место у моря, по которому можно гулять, называется ....
2. Человека, который мыслит поверхностно, неглубоко, называют ограниченным или ....
3. О человеке, который не в состоянии держать под контролем свои эмоции, говорят, что он не .... собой.
4. Если человек волнуется, то его сердце начинает сильно / быстро ....
5. Если человек собирается заплакать, то его лицо может начать .... (држт).
6. Если человек улыбается против своего желания, то можно говорить о .... улыбке или улыбке через силу.
7. О человеке, который держит спину не прямо, говорят, что он ....
8. В парке к ребёнку подбежала чья-то собака. Тут же мама услышала: «Вы не бойтесь, она не ....!»
9. Светло-фиолетовый цвет называют ещё ....
10. Андрей заболел. Ирина пришла его навестить. Ей сразу же .... в глаза, как он похудел!
11. Летом было очень жарко: в комнатах даже с открытыми окнами было очень ....
12. Во время отъезда жены муж забывал поливать цветы, и они все ....
13. Когда ситуация кажется безвыходной, говорят: «Ну что ж, ... некуда!»

16 **Заполните пропуски словами** *уныние — унылый — унывать.*

1. Все эти серые, дождливые, безрадостные осенние дни наводят на меня тоску и ....

2. От некоторых фильмов этого режиссёра я впадаю в такое ...., выйти из которого мне помогает только стакан виски.

3. Весь вечер моя подруга не выходила из роли тургеневской барышни. Выражение .... на её лице просто выводило меня из себя. Чаша моего терпения переполнилась, когда она с таким же .... выражением приняла предложение наших друзей поехать кататься на лошадях.

4. После того как я продал свой «Порш», я впал в страшное .... Но моя жена сказала: «Не ....!» Давай купим тебе два новых «Порша!». Один игрушечный и один настоящий. От этих слов от моего .... и следа не осталось.

ПИСЬМА ПУШКИНА

1. Пушкин — Ан.Н. Вульф* (21 июля 1825 года)

...Ка́ждую ночь гуля́ю я по са́ду и повторя́ю себе́: она́ была́ здесь — ка́мень, о кото́рый она́ споткну́лась[1], лежи́т у меня́ на столе́..., я пишу́ мно́го стихо́в — всё э́то о́чень похо́же на любо́вь, но кляну́сь вам, что э́то совсе́м не то. Будь я влюблён, в воскресе́нье со мно́ю сде́лались бы су́дороги от бе́шенства и ре́вности[2], ме́жду тем мне бы́ло про́сто доса́дно, — и всё же мысль, что ... я для неё ничего́ не зна́чу, ... что воспомина́ние обо мне ни на мину́ту не сде́лает её ни бо́лее заду́мчивой среди́ её побе́д, ни бо́лее гру́стной в дни печа́ли, что её прекра́сные глаза́ остано́вятся на како́м-нибу́дь ри́жском фра́нте ... — нет, э́та мысль для меня́ невыноси́ма...

2. Пушкин — А.П. Керн (25 июля 1825 года)

**Летящая птица.
Росчерк А.С. Пушкина**

...Ваш прие́зд в Триго́рское оста́вил во мне впечатле́ние бо́лее глубо́кое и мучи́тельное, чем то, кото́рое не́когда произвела́ на меня́ встре́ча на́ша у Оле́ниных. Лу́чшее, что я могу́ сде́лать в мое́й печа́льной дере́венской глуши́[3], — э́то стара́ться не ду́мать бо́льше о вас. Если бы в душе́ ва́шей была́ хоть ка́пля жа́лости ко мне, вы то́же должны́ бы́ли бы пожела́ть мне э́того...

---

* Анна Николаевна Вульф — двоюродная сестра Анны Петровны Керн.

Проща́йте, боже́ственная; я бешу́сь и я у ва́ших ног. Ты́сячу не́жностей Ермола́ю Фёдоровичу*.

Сно́ва беру́сь за перо́[4], и́бо умира́ю с тоски́ и могу́ ду́мать то́лько о вас. Наде́юсь, вы прочтёте э́то письмо́ тайко́м[5] — спря́чете ли вы его́ у себя́ на груди́? отве́тите ли мне дли́нным посла́нием? Пиши́те мне обо всём, что придёт в го́лову — заклина́ю вас[6]. Если вы опаса́етесь мое́й нескро́мности, е́сли не хоти́те компромети́ровать себя́, измени́те по́черк, подпиши́тесь вы́мышленным и́менем[7], — се́рдце моё уме́ет вас угада́ть...

3. Пушкин — А.П. Керн (28 августа 1825 года)

Если ваш супру́г о́чень вам надое́л, бро́сьте его́, но зна́ете как? Вы оставля́ете всё семе́йство, берёте почто́вых лошаде́й на О́стров и приезжа́ете ... куда́? в Триго́рское? во́все нет, в Миха́йловское! Вот великоле́пный план, кото́рый уже с че́тверть ча́са дра́знит моё вообра-же́ние[8]. Вы представля́ете себе́, как я был бы сча́стлив? Вы ска́жете: «А огла́ска, а сканда́л[9]?» Чорт** возьми́! Когда́ броса́ют му́жа, это уже́ по́лный сканда́л, дальне́йшее ничего́ не зна́чит, и́ли зна́чит о́чень ма́ло. Согласи́тесь, что про-е́кт мой романти́чен! <...> Не говори́л ли я вам, что спосо́бен дать вам сове́т сме́лый и внуши́тельный[10]!

Поговори́м серьёзно, т.е. хладно-кро́вно: уви́жу ли я вас сно́ва? Мысль, что нет, приво́дит меня́ в тре́пет[11]. — Вы ска́жете мне: утешьтесь[12]. Отли́чно, но как? ... Поки́нуть ро́дину? удави́ться[13]? жени́ться? Всё это о́чень хло́потно и не привлека́ет меня́. <...>

Е́сли вы прие́дете, я обеща́ю вам быть любе́зным до чрезвыча́йности — в понеде́льник я бу́ду ве́сел, во вто́рник восто́ржен, в сре́ду не́жен, в четве́рг игри́в, в пя́тницу, суббо́ту и воскресе́нье бу́ду чем вам уго́дно, и всю неде́лю — у ва́ших ног.

Алле́я Керн. Миха́йловское

---

*   Муж А́нны Петро́вны Керн.
** В совреме́нной орфогра́фии «чёрт».

55

ПИ́СЬМА ПУ́ШКИНА

Алекса́ндр Серге́евич Пу́шкин

**Портрет А.С.Пушкина.
О.А. Кипренский**

Александр Сергеевич Пушкин — осново-положник современного русского литератур-ного языка, первый русский национальный поэт и родоначальник всей русской литературы. Благодаря Пушкину русская литература вошла в число наиболее развитых западных литератур.

Произведения Пушкина рассказывают о са-мом важном для человека: о дружбе, о любви, о чести, о свободе, о смерти... Творчество Пушкина — это своеобразная художественная картина мира, которая отразила все «впечат-ленья бытия».

Дата рождения:	26 мая (6 июня) 1799 года
Место рождения:	город Москва
Дата смерти:	29 января (10 февраля) 1837 года
Причина смерти:	пулевое ранение, полученное на дуэли 27 января (8 февраля) с бароном Ж. Дантесом
Формальная причина дуэли:	защита чести жены — Н.Н. Гончаровой
Место захоронения:	подножие Святогорского монастыря, село Михайловское, Псковская область
Род деятельности:	поэт, прозаик, драматург
Годы творчества:	1813–1837
Направление:	романтизм, реализм
Жанр:	стихотворения, романы, драмы, повести, сказки
Язык произведений:	русский, французский

С 1977 года «Медаль А.С. Пушкина» является высшей наградой в сфере международного исследования русского языка. Эту медаль ежегодно вру-чают лицам, которые внесли выдающийся вклад в область исследования и распространения русского языка, литературы и культуры. Награждение производится через национальные организации МАПРЯЛ (Международ-ная ассоциация преподавателей русского языка и литературы).

С 1995 года Российской академией наук присуждается премия имени А.С. Пушкина в области русского языка и литературы.

Имя Пушкина носят многие учреждения науки и культуры: Пушкинский дом (Институт русской литературы Российской академии наук), Государственный институт русского языка имени А.С. Пушкина, Государственный музей изобразительных искусств имени А.С. Пушкина в Москве, театры в Москве и во многих городах России, улицы и площади российских городов, станции метро, кафе, рестораны, магазины...

По произведениям поэта написаны романсы, оперы, балеты, сняты фильмы.

Изучение его жизни и творчества получило название «пушкиноведение» и воплотилось в научных, научно-популярных, художественных трудах: статьях, очерках, романах.

Памятники Пушкину поставлены во многих городах России и мира: в Белграде, Вашингтоне, Вене, Квебеке, в финском Куопио, Мадриде, Мехико, Париже, Риме, немецком Хеммере...

6 июня 2009 года поисковые системы Яндекс и Google почтили память поэта оригинальным способом, внеся в свой логотип элементы рисунков Пушкина.

---

30 января 1837 года в приложении к газете «Русский инвалид*» было напечатано извещение о смерти А.С. Пушкина. Извещение было написано литератором Владимиром Фёдоровичем Одоевским (1804–1869).

«Солнце нашей поэзии закатилось! Пушкин скончался, скончался во цвете лет, в средине своего великого поприща!.. Более говорить о сём не имеем силы, да и не нужно: всякое русское сердце знает всю цену этой невозвратимой потери, и всякое русское сердце будет растерзано. Пушкин! наш поэт! наша радость, наша народная слава!.. Неужели в самом деле нет уже у нас Пушкина! к этой мысли нельзя привыкнуть!

29-го января 2 ч. 45 м. пополудни».

Попрощаться с телом Пушкина пришло более 20 000 человек. Один старик долго смотрел на лицо Пушкина, потом сел напротив и просидел неподвижно четверть часа. Слёзы текли у него по лицу. Потом он встал и пошёл к выходу. Один из находившихся там же друзей Пушкина послал за ним, чтобы узнать его имя. «Зачем вам, — ответил старик, — Пушкин меня не знал, и я его не видал никогда, но мне грустно за славу России». В день похорон (отпевания), собралась огромная толпа, целые департаменты просили разрешения не работать, чтобы иметь возможность пойти помолиться. Увидев всю эту толпу, один из дипломатов произнёс: «Лишь здесь мы впервые узнали, что значил Пушкин для России. Он — наша народная гордость».

(Из воспоминаний современника поэта)

---

* Слово **инвалид** значило в то время «ветеран».

Александр Сергеевич Пушкин — Анна Петровна Керн

Имя Анны Петро́вны Керн (1800—1879) ста́ло одни́м из са́мых изве́стных среди́ воше́дших в исто́рию ру́сской культу́ры благодаря́ её встре́че с Пу́шкиным. Ей посвящено́ одно́ из прекра́снейших лири́ческих стихотворе́ний Пу́шкина — К***. В 1840 году́ Михаи́л Гли́нка написа́л рома́нс на э́ти стихи́ «Я по́мню чу́дное мгнове́нье» и посвяти́л его́ до́чери А.П. Керн — Екатери́не.

Анна Керн родила́сь в Орле́, где дед её был губерна́тором. Оте́ц Анны — хорошо́ знако́мый Пу́шкину — был челове́к незауря́дный, но вспы́льчивый, легкомы́сленный и скло́нный к посту́пкам са́мым неожи́данным. Его́ сумасбро́дство сто́ило до́чери, по существу́, полжи́зни. Анне не

**Портрет А.П. Керн.
А. Арефьев-Богаев**

бы́ло и 17 лет, когда́ её вы́дали за́муж за 52-ле́тнего генера́ла Ермола́я Фёдоровича Ке́рна. «Оте́ц её, малоросси́йский поме́щик, вообрази́л себе́, что для сча́стья до́чери необходи́м муж генера́л. За неё сва́тались досто́йные женихи́, но всем им отка́зывали в ожида́нии генера́ла. После́дний, наконе́ц, яви́лся. Ему́ бы́ло за пятьдеся́т лет. Густы́е эполе́ты составля́ли его́ еди́нственное пра́во на зва́ние челове́ка. Прекра́сная и к тому́ же чу́ткая, чувстви́тельная Ане́та была́ принесена́ в же́ртву э́тим эполе́там. С тех пор жизнь её сде́лалась сплете́нием жесто́ких го́рестей. Муж её был не то́лько груб, ... но ещё и до кра́йности ревни́в... Он ревнова́л её да́же к отцу́. Во́семь лет прома́ялась молода́я же́нщина в таки́х тиска́х, наконе́ц потеря́ла терпе́ние, ста́ла тре́бовать разлу́ки и в заключе́ние доби́лась своего́»*. В 1841 году́ генера́л у́мер. Че́рез год она́ вы́шла за́муж за своего́ да́льнего ро́дственника Алекса́ндра Ма́ркова-Виногра́дского. Брак был до́лгим и счастли́вым.

Для Пу́шкина же встре́ча с Анной оста́лась «чу́дным мгнове́ньем», но стихотворе́ние, ему́ посвящённое, пережи́ло века́.

Источник: Друзья Пушкина. Переписка. Воспоминания. Дневники. / Сост. В.В. Кунин. В 2 т. Т. 2. М., 1983.

---

* Из дневника А.В. Никитенко. Александр Васильевич Никитенко (1804—1877) — литературный критик, историк литературы, цензор, профессор словесности Санкт-Петербургского университета, академик Петербургской Академии наук, мемуарист.

ЛЕКСИЧЕСКИЙ КОММЕНТАРИЙ

1. «...камень, о который она **споткну́лась**...»
   спотыка́ться / споткну́ться *о / обо что*: при ходьбе, беге зацепиться но-
   гой за что-либо (камень, корень дерева) на дороге, потерять равновесие

2. «...судороги от **бе́шенства** и **ре́вности**...»
   бе́шенство — крайняя степень раздражения
   беси́ть(ся) — быть в крайнем раздражении
   ре́вность (♀) — мучительное сомнение в чьей-либо верности, любви

3. «...что я могу сделать в моей печальной деревенской **глуши́**...»
   глушь — отдалённое, тихое, безлюдное место

4. «Снова **беру́сь за перо́**»
   бра́ться / взя́ться за перо́ = начать писать

5. «...вы прочтёте это письмо **тайко́м**...»
   тайко́м — тайно

6. « ...**заклина́ю** вас»
   заклина́ть = очень сильно просить, умолять

7. **«...подпиши́тесь вы́мышленным и́менем...»**
   подписаться вымышленным именем = подписать письмо не своим именем
   вы́мышленный — придуманный, ненастоящий

8. «...план ... **дра́знит** моё **воображе́ние**»
   дразни́ть воображе́ние — возбуждать, разжигать какое-либо желание,
   чувство

9. «А **огла́ска**, а скандал?»
   огла́ска — предание известности
   огласка ← оглашать / огласить — сделать известным для всех

10. «...совет смелый и **внуши́тельный**»
    внуши́тельный — здесь: очень важный

11. «Мысль ... **приво́дит** меня **в тре́пет**»
    тре́пет — внутренняя дрожь, волнение
    приво́дить в тре́пет — заставлять волноваться

12. «Вы скажете мне: **уте́шьтесь!**»
    утеша́ть(ся) / уте́шить(ся) *чем* = успокаивать(ся) / успокоить(ся)

13. **Удави́ться** = задушить себя

Ответьте на вопросы (письмо от 21 июля 1825 года).

1. Почему на столе Пушкина лежал камень?
2. О каких «симптомах», признаках истинной влюблённости пишет Пушкин?
3. Какими словами можно заменить выделенные выражения? Используйте текст письма.

   а) «Она **посмотрит на какого-нибудь рижского модника**»;

   б) «**От** одной **этой мысли мне становится дурно**».

 Пользуясь текстом, замените высказывания антонимичными (письмо от 25 июля 1825 года).

1. Я спокоен ≠ ....
2. Мне очень весело ≠ ....
3. Вы прочитаете это письмо вслух всем своим знакомым ≠ ....
4. Подпишитесь своим настоящим именем ≠ ....

 Устно — от первого лица — восстановите содержание письма от 25 июля 1825 года, используя приведённые ниже слова и выражения.

1. Приезд — Тригорское — впечатление — мучительное и глубокое — лучшее — сделать — печальная деревенская глушь — не думать о вас — беситься — у ваших ног.
2. Перо — умирать — тоска — только о вас — письмо — прочитать — тайком — спрятать — грудь — ответить — длинное послание — что придёт в голову — заклинать — вымышленное имя — сердце — угадать.

 Ответьте на вопросы (письмо от 28 августа 1825 года).

1. Что предлагает Пушкин Анне?
2. Чего, по мнению Пушкина, боится Анна?
3. Закончите фразу: «Мысль, что я не увижу вас, приводит меня в ... ». Как можно описать это чувство, используя слово «сердце»?
4. Какие возможности «утешения» называет Пушкин? Почему эти возможности не привлекают его?
5. В какие дни недели поэт обещает быть «весел — восторжен — нежен — игрив — быть чем угодно — у ног возлюбленной»?

5 Образуйте форму будущего времени выделенных глаголов (вид глагола должен быть сохранён).

Супруг **надоел** — ...

я **бросила** мужа — ...

я **оставила** семейство — ...

вы **взяли** лошадей — ....

я **согласилась** — ...

я **утешился** — ...

меня этот план не **привлёк** — ...

вы **спрятали** письмо — ...

вы **подписали** письмо вымышленным именем — ...

глаза **остановились** на... — ...

К ***

Я по́мню чу́дное мгнове́нье[1]:
Пе́редо мной яви́лась ты,
Как мимолётное виде́нье,
Как ге́ний чи́стой красоты́.

В томле́ньях гру́сти безнаде́жной[2]
В трево́гах шу́мной суеты́[3],
Звуча́л мне до́лго го́лос не́жный
И сни́лись ми́лые черты́.

Шли го́ды. Бурь поры́в мяте́жный[4]
Рассе́ял пре́жние мечты́[5],
И я забы́л твой го́лос не́жный,
Твои́ небе́сные черты́.

В глуши́, во мра́ке заточе́нья[6]
Тяну́лись ти́хо дни мои́
Без божества́, без вдохнове́нья,
Без слёз, без жи́зни, без любви́.

Душе́ наста́ло пробужде́нье:
И вот опя́ть яви́лась ты,
Как мимолётное виде́нье,
Как ге́ний чи́стой красоты́.

И се́рдце бьётся в упое́нье[7],
И для него́ воскре́сли вновь[8]
И божество́, и вдохнове́нье,
И жизнь, и слёзы, и любо́вь.

1825 год

А.П. Керн.
Рисунок А.С. Пушкина

ЛЕКСИЧЕСКИЙ КОММЕНТАРИЙ

1. «...**чу́дное** мгновенье...»

   чу́дный — прекрасный, удивительный, необычный

   > чудный = чудесный
   > **чу́до** (мн.ч. чудеса́) — 1) сверхъестественное явление; 2) нечто небывалое, необыкновенное, удивительное
   > **чудо́вище** = монстр (в переносном значении — о жестоких, безнравственных людях)
   > **чудо́вищный** — 1) ужасный, страшный, вызывающий чувство ужаса; 2) очень большой

2. «В **томле́ньях** грусти безнадежной...»

   томле́ние, томле́нье — нравственное мучение

   томле́ние ← томить *кого (В.п.)* — мучить

   томи́ться / истоми́ться — мучиться/ измучиться

3. «...В **трево́гах** шумной **суеты́**...»

   тревога — **трево́ги** (мн.ч.) — сильное душевное волнение, беспокойство, вызываемое опасениями, страхом, неизвестностью

   суета́ — хлопоты, повседневные волнения

4. «Бурь **поры́в мяте́жный** ...»

   Инверсия, ср.: мятежный порыв бурь

   мяте́жный — тревожный, неспокойный; мятущийся

   поры́в — 1) неожиданное резкое усиление ветра; 2) сильное мгновенное проявление чувства: порыв гнева, ярости, ревности, душевный порыв

5. «...**Рассе́ял** прежние мечты...»

   рассе́ивать / рассе́ять — устранить, уничтожить

6. «...во мраке **заточе́нья**...»

   заточе́нье, заточе́ние (*устар.*) — лишение свободы, пребывание в тюрьме, ссылке*

7. «...сердце бьётся в **упое́нье**...»

   упое́нье, упое́ние — состояние восторга, наслаждения

8. «...И для него **воскре́сли** вновь...»

   воскреса́ть / воскре́снуть — 1) ожить после смерти; 2) (*перен.*) приобрести новые силы, снова стать бодрым (например, после болезни), внутренне обновиться; 3) вновь возникнуть, проявиться с прежней силой, яркостью (о чувствах, воспоминаниях)

---

* Когда А.С. Пушкин писал это стихотворение, он находился в ссылке, далеко от столицы, в своём поместье Михайловском.

Я ВАС ЛЮБИЛ...

В 1827 году́ Пу́шкин увлёкся бу́рно и мучи́тельно[1] Анной Алексе́евной Оле́ниной. Оте́ц её — Алексе́й Никола́евич Оле́нин — был жена́т на родно́й тётке Анны Петро́вны Керн, и «чу́дное мгнове́нье», кото́рое довело́сь пережи́ть поэ́ту и навсегда́ запо́мнить, свя́зано и́менно с до́мом Оле́ниных. Мла́дшей до́чери хозя́ев до́ма Анне бы́ло тогда́ то́лько 11 лет.

Когда́ же поэ́т уви́дел её сно́ва, ей бы́ло 18, она́ была́ краса́вица и у́мница. Пу́шкин ско́ро сде́лал предложе́ние[2], но мать Оле́ниной реши́тельно и ре́зко ему́ отказа́ла.

**Портрет А. Олениной.
О. А. Кипренский**

Полве́ка спустя́ Анна Алексе́евна рассказа́ла своему́ племя́ннику: «Пу́шкин де́лал мне предложе́ние, но ... он был вертопра́х*, не име́л никако́го положе́ния в о́бществе и, наконе́ц, не был бога́т».

Источник: Друзья Пушкина. Переписка. Воспоминания. Дневники / Сост. В.В. Кунин. В 2 т. Т. 2 М., 1983.

***

Я вас люби́л: любо́вь ещё, быть мо́жет,
В душе́ мое́й уга́сла не совсе́м[3];
Но пусть она́ вас бо́льше не трево́жит[4];
Я не хочу́ печа́лить вас ниче́м.
Я вас люби́л безмо́лвно, безнаде́жно[5],
То ро́бостью, то ре́вностью томи́м[6];
Я вас люби́л так и́скренно, так не́жно,
Как дай вам Бог люби́мой быть други́м[7].

1829 год

---

*　**Вертопра́х** (*разг.*) — легкомысленный, ветреный человек.

Лексический комментарий

1. «...**увлёкся** бурно и мучительно...»

    увлека́ться / увле́чься *кем/ чем* — 1) проявить сильный, повышенный интерес; 2) почувствовать влечение; влюбиться

    буд. вр. увлеку́сь / увлечёшься / увлечётся / увлечёмся / увлечётесь / увлекутся

    прош.вр. увлёкся ♂ / увлеклась ♀ *кем (Тв.п.) + как*

2. «...**сде́лал предложе́ние**...»

    де́лать предложе́ние — просьба мужчины, обращённая к женщине, вступить с ним в брак

> делать / сделать **предложе́ние** *кому (Д.п.)*
> принимать / принять **предложе́ние** *чьё*
> отказаться от **предложе́ния**
> отказать *кому (Д.п.)*
> предложение руки и сердца

---

3. «...В душе моей **уга́сла** не совсем...»

    угаса́ть / уга́снуть — 1) перестать гореть; 2) подойти к концу, иссякнуть (о чувствах: страсти, любви, надежде, ненависти, гневе)

4. «...пусть она вас больше **не трево́жит**...»

    трево́жить — беспокоить, причинять неудобство

5. «...любил **безмо́лвно, безнаде́жно**...»

    безмо́лвно — без слов, не говоря ничего о своей любви

    безнаде́жно — без надежды (здесь: не надеясь на взаимность)

6. «...То **ро́бостью**, то **ре́вностью томи́м**...»

    ро́бость (♀) — боязнь, нерешительность

    томи́ть(ся) — испытывать длительные, изнуряющие физические или нравственные мучения, страдания

    томи́м — *краткая форма прил.* **томимый**

Дом Осиповых-Вульф. Тригорское

Тригорское. Рисунок А.С. Пушкина

7. «...да́й вам Бог...»

дай Бог *чего (Р.п.)* — пожелание чего-нибудь хорошего, буквально: я желаю, чтобы Бог вам дал...

Сла́ва Бо́гу! — к счастью

Бог в по́мощь! — пожелание успехов, удачи

Ра́ди Бо́га! — умоляю, пожалуйста

С Бо́гом! — перед началом сложного и важного дела или перед тем, как отправиться в путь

Бог весть / ве́дает / зна́ет — только Бог может знать...

Все под Бо́гом хо́дим — никто не знает, что может случиться

На Бога наде́йся, но сам не плоша́й! — нужно надеяться на Бога, но и самому не теряться в сложных ситуациях

Челове́к предполага́ет, а Бог располага́ет — не всё во власти человека

Петровское — родовое имение предков А.С. Пушкина — Ганнибалов

ПИСЬМА ПУШКИНА

Продолжение

1. Пушкин — Н.Ив. Гончаровой* (5 апреля 1830 года)

1

Когда́ я уви́дел её в пе́рвый раз, красоту́ её едва́ начина́ли замеча́ть в све́те. Я полюби́л её, голова́ у меня́ закружи́лась, я сде́лал предложе́ние, ваш отве́т, при всей его́ неопределённости, на мгнове́ние свёл меня́ с ума́; в ту же ночь я уе́хал в а́рмию; вы спро́сите меня́ — заче́м? Кляну́сь вам, не зна́ю, но кака́я-то непроизво́льная тоска́ гнала́ меня́ из Москвы́; я бы не мог там вы́нести ни ва́шего, ни её прису́тствия. Я вам писа́л; наде́ялся, ждал отве́та — он не приходи́л. Заблужде́ния мое́й ра́нней мо́лодости предста́вились моему́ вообра́жению; они́ бы́ли сли́шком тя́жки и са́ми по себе́, а клевета́ их ещё уси́лила; молва́ о них, к несча́стию, широко́ распространи́лась. Вы могли́ ей пове́рить; я не смел жа́ловаться на э́то, но приходи́л в отча́яние.

2

Ско́лько мук ожида́ло меня́ по возвраще́нии! Ва́ше молча́ние, ва́ша хо́лодность, та рассе́янность и то безразли́чие, с кото́рым приняла́ меня́ м-ль Натали́... У меня́ не хвати́ло му́жества объясни́ться, — я уе́хал в Петербу́рг в по́лном отча́янии. Я чу́вствовал, что сыгра́л о́чень смешну́ю роль, пе́рвый раз в жи́зни я был ро́бок, а ро́бость в челове́ке мои́х лет ника́к не мо́жет понра́виться молодо́й де́вушке в во́зрасте ва́шей до́чери.

3

То́лько привы́чка и дли́тельная бли́зость могли́ бы помо́чь мне заслужи́ть расположе́ние ва́шей до́чери; я могу́ наде́яться возбуди́ть

---

* Ната́лья Ива́новна Гончаро́ва (1785—1848) — мать Ната́льи Никола́евны Гончаро́вой.

со вре́менем её привя́занность, но ниче́м не могу́ ей понра́виться; е́сли она́ согласи́тся отда́ть мне свою́ ру́ку, я уви́жу в э́том лишь доказа́тельство споко́йного безразли́чия её се́рдца. Но бу́дучи всегда́ окружена́ восхище́нием, поклоне́нием, собла́знами, надо́лго ли сохрани́т она́ э́то споко́йствие? Ей ста́нут говори́ть, что лишь несча́стная судьба́ помеша́ла ей заключи́ть друго́й, бо́лее ра́вный, бо́лее блестя́щий, бо́лее досто́йный её сою́з; — мо́жет быть, э́ти мне́ния и бу́дут и́скренни, но уж ей они́ безусло́вно пока́жутся таковы́ми. Не возни́кнут ли у неё сожале́ния? Не бу́дет ли она́ тогда́ смотре́ть на меня́ как на поме́ху, как на кова́рного похити́теля? Не почу́вствует ли она́ ко мне отвраще́ния? Бог мне свиде́тель, что я гото́в умере́ть за неё; но умере́ть для того́, что́бы оста́вить её блестя́щей вдово́й, во́льной на друго́й день вы́брать себе́ но́вого му́жа, — э́та мысль для меня́ — ад...

2. Пушкин — П.А. Плетнёву* (31 августа 1830 года)

...Ми́лый мой, расскажу́ тебе́ всё, что у меня́ на душе́: гру́стно, тоска́, тоска́. Жизнь жениха́ тридцатиле́тнего ху́же 30-ти лет жи́зни игрока́. Дела́ бу́дущей тёщи мое́й расстро́ены. Сва́дьба моя́ отлага́ется день ото́ дня да́лее. Ме́жду тем я хла́дею, ду́маю о забо́тах жена́того челове́ка, о пре́лести холосто́й жи́зни. К тому́ же моско́вские спле́тни дохо́дят до уше́й неве́сты и её ма́тери — отсе́ле [отсю́да] размо́лвки, ... ненадёжные примире́ния — сло́вом, е́сли я и не несча́стлив, по кра́йней ме́ре не сча́стлив. Осень подхо́дит. Это люби́мое моё вре́мя — здоро́вье моё обыкнове́нно кре́пнет — пора́ мои́х литерату́рных трудо́в настаёт — а я до́лжен хлопота́ть о прида́ном да о сва́дьбе, кото́рую сыгра́ем бог весть когда́. Всё э́то не о́чень уте́шно. Еду в дере́вню, бог весть, бу́ду ли я там име́ть вре́мя занима́ться <...> Та́к-то, душа́ моя́. От добра́ добра́ не и́щут. Чёрт меня́ догада́л бре́дить о сча́стии, как бу́дто я для него́ со́здан. До́лжно бы́ло мне дово́льствоваться незави́симостью, кото́рой обя́зан я был бо́гу и тебе́. Гру́стно, душа́ моя́, обнима́ю тебя́ и целу́ю на́ших.

П.А. Плетнёв

---

* Пётр Алекса́ндрович Плетнёв (1792–1865) — бли́зкий друг Пушкина, известный критик, учитель русского языка и словесности (преподавал также русский язык и словесность особам царского дома), ректор Санкт-Петербургского университета (1840—1861)

3. Пушкин — Н.Н. Гончаровой (9 сентября 1830 года)

Моя дорогая, моя милая Наталья Николаевна, я у ваших ног, чтобы поблагодарить вас и просить прощение за причинённое беспокойство.

Ваше письмо прелестно, оно вполне меня успокоило. Моё пребывание здесь может затянуться... У нас в окрестностях Cholera morbus... И она может задержать меня ещё дней на двадцать!

4. Пушкин — П.А. Плетнёву (9 сентября 1830 года)

Ты можешь вообразить, как весело удрать от невесты, да и засесть стихи писать. Жена не то, что невеста. Куда! Жена свой брат. При ней пиши сколько хошь [= сколько хочешь]. А невеста пуще [= хуже] цензора..., язык и руки связывает... Сегодня получил от своей премиленькое письмо; обещает выйти за меня и без приданого... Зовёт меня в Москву...

5. Пушкин — Н.Н. Гончаровой (30 сентября 1830 года)

...Наша свадьба точно бежит от меня; и эта чума с её карантинами — не отвратительнейшая ли это насмешка, какую только могла придумать судьба? Мой ангел — ваша любовь — единственная вещь на свете, которая мешает мне повеситься на воротах моего печального замка... Не лишайте меня этой любви и верьте, что в ней всё моё счастье. Позволяете ли вы обнять вас? Это не имеет никакого значения на расстоянии 500 вёрст и сквозь 5 карантинов. ... Прощайте же, мой ангел.

Страница рукописи А.С. Пушкина

6. Пушкин — Н.Н. Гончаровой (11 октября 1830 года)

...Въезд в Москву запрещён, и вот я заперт в Болдине. <...> Я совершенно пал духом и право не знаю, что предпринять. Ясно, что в этом году (будь он проклят) нашей свадьбе не бывать. Но не правда ли, вы уехали из Москвы? Добровольно подвергать себя опасности заразы было бы непростительно...

7. Пушкин — П.А. Плетнёву
(24 февраля 1831 года)

Я жена́т — и сча́стлив; одно́ жела́ние моё, чтоб ничего́ в жи́зни мое́й не измени́лось — лу́чшего не дожду́сь. Это состоя́ние для меня́ так но́во, что, ка́жется, я перероди́лся...

8. Пушкин — Н.Н. Гончаровой
(декабрь 1831 года)

Тебя́, мой а́нгел, люблю́ так, что вы́разить не могу́; с тех пор как здесь, я то́лько и ду́маю, как бы удра́ть в Петербу́рг к тебе́, жёнка моя́.

**Портрет Н. Гончаровой.
Рисунок Н. Рушевой**

9. Пушкин — Н.Н. Гончаровой
(30 июня 1834 года)

Коне́чно, друг мой, кро́ме тебя́ в жи́зни мое́й утеше́ния нет — и жить с тобо́й в разлу́ке так же глу́по, как и тяжело́.

10. Пушкин — Н.Ив. Гончаровой (август 1834 года)

Жена́ моя́ пре́лесть, и чем до́ле я с ней живу́, тем бо́лее горячо́ люблю́ э́то ми́лое, чи́стое, до́брое созда́ние, кото́рого я ниче́м не заслужи́л пе́ред Бо́гом.

11. Пушкин — Н.Н. Гончаровой (25 сентября 1835 года)

Пишу́ тебе́ из Триго́рского. Что э́то, жёнка моя́? вот уж 25-ое, а я всё от тебя́ не име́ю ни стро́чки. Это меня́ се́рдит и беспоко́ит. Куда́ адресу́ешь ты свои́ пи́сьма? Пиши́ во Пско́в, ... Праско́вье Алекса́ндровне Оси́повой для доставле́ния А.С.П. изве́стному сочини́телю — вот и всё. Так верне́е дойду́т до меня́ твои́ пи́сьма, без кото́рых я соверше́нно одуре́ю. Здоро́ва ли ты, душа́ моя́? и что ребяти́шки? что дом наш, и как ты им управля́ешь? Вообрази́, что до сих пор не написа́л я ни стро́чки; а всё потому́, что не споко́ен.

Наталья Николаевна
Гончарова–Пушкина

Наталья Николаевна Гончарова (1812–1863) и Александр Сергеевич Пушкин познакомились в Москве, на балу зимой 1828–1829 годов. Наташе было тогда 16 лет, Пушкину почти 30. Её называли первой красавицей Москвы. Пушкин имел славу первого поэта России.

Красота Наташи и скромная манера держать себя поразили Пушкина в самое сердце. В апреле 1829 года он попросил её руки.

Наталья Ивановна (мать Наташи) мечтала о более богатом женихе для своей красавицы дочери. Но богатые женихи предложения Наташе не делали: дела семьи Гончаровых находились в полном упадке.

6 апреля 1830 года Пушкин получил согласие матери на брак.

18 февраля (2 марта) 1831 года состоялось венчание в московской церкви Большого Вознесения у Никитских ворот. Во время обряда венчания Александр Сергеевич нечаянно задел за аналой*, с которого упали крест и Евангелие. А когда молодожёны обменивались кольцами, одно из них упало и вдобавок погасла свеча, которую держал Пушкин.

«Tous les mauvaises augures!»** — сказал Александр Сергеевич, выходя из церкви.

**Портрет Н.Н. Пушкиной
А.П. Брюллов**

Став мадам Пушкиной, Наталья получила доступ в высший свет. Она стала бывать на всех балах, где собиралось высшее общество. Всеобщее поклонение (включая самого царя — Николая I) было ей очень по душе.

Один из современников, граф Соллогуб вспоминал: «...Не было почти ни одного юноши в Петербурге, который бы тайно не вздыхал по Пушкиной; её лучезарная красота рядом с этим магическим именем всем кружила головы; я знал очень молодых людей, которые серьёзно были уверены, что влюблены в Пушкину, хотя знакомы с нею совсем не были и даже никогда её не видели!»

Такой образ жизни требовал денег и времени.

Деньги Пушкин пытался заработать литературным трудом, для которого требовались время и покой.

---

* **Аналой** — высокий четырёхугольный столик, который стоит напротив каждого алтаря перед иконостасом.

** Плохие предзнаменования!

Возможность спокойно работать можно было обрести в деревне, куда Пушкин страстно хотел уехать. Но двадцатилетней Натали в деревне делать было нечего: там не было балов, высшего света и поклонников. К тому же сам царь не давал разрешения на отъезд: он хотел везде видеть Натали. (А обо всех своих планах Пушкин должен был информировать царя и спрашивать его высочайшего разрешения.)

На одном из таких балов Натали Пушкина познакомилась с французским подданным Жоржем Дантесом — высоким, статным, красивым блондином. Эта встреча стала для семьи Пушкиных роковой.

Пушкин получил анонимное письмо, в котором его объявляли рогоносцем. Чтобы защитить свою честь и честь жены, Пушкин вызвал Дантеса на дуэль, где и был смертельно ранен. Он умирал два дня, почти всё время находясь в полном сознании. Страдания были таковы, что поэт хотел застрелиться. Друзья отобрали у него пистолет, надеясь, видимо, на чудо выздоровления.

Ж.Ш. Дантес

После смерти мужа Натали с четырьмя детьми — Марией, Александром, Григорием и Натальей — уехала на год в деревню.

Через семь лет после смерти Александра Сергеевича Наталья Николаевна приняла предложение генерала Петра Петровича Ланского и вышла за него замуж. Ей исполнилось тридцать два года, Ланскому — сорок пять. Детей Пушкина Пётр Петрович принял как родных. В новой семье родилось ещё три дочери: Александра, Елизавета, Софья. «Тихая, затаённая грусть всегда витала над ней, — писала о Наталье Николаевне её дочь Александра. — В зловещие январские дни она сказывалась нагляднее: она удалялась от всякого развлечения, и только в молитве искала облегчения страдающей душе».

Осенью 1863 года Наталья заболела, и 26 ноября 1863 года её не стало.

Дантес после дуэли навсегда покинул Россию, так и не поняв, кого именно он убил: русским языком Дантес не владел и литературой не интересовался. Пушкин для него был только ревнивым супругом. Внук Дантеса, Луи Метмана писал: «Дед был вполне доволен своей судьбой и впоследствии не раз говорил, что только вынужденному из-за дуэли отъезду из России он обязан своей блестящей политической карьерой; не будь этого несчастного поединка, его ждало незавидное будущее командира полка где-нибудь в русской провинции с большой семьёй и недостаточными средствами».

Умер Дантес в семейном имении Сульц (Франция), окружённый детьми и внуками, в возрасте 83 лет. Там же и похоронен.

Рядом с его могилой находится могила его младшей дочери Леони-Шарлотты (1840—1888), умершей душевнобольной. Говорили, что Пушкина она боготворила в буквальном смысле слова, превратив свою комнату в келью и молясь на его портрет. С отцом не разговаривала, назвав его убийцей. Кажется, существование этой несчастной женщины было единственным подлинным наказанием, постигшим Дантеса.

С Натальей Гончаровой они встретились только однажды — в Париже, на rue de la Paix. Дантес узнал её сразу же. Он побледнел и остановился как вкопанный. Наталья узнала его тоже, на мгновение замедлила шаг и, опустив глаза, прошла мимо, не сказав ни слова.

Источники: Лотман Ю.М. Пушкин СПб.: Искусство-СПБ, 1995. Труайя А. Александр Пушкин. М.: Эксмо, Вита Нова, 2006.

Друзья Пушкина. Переписка. Воспоминания. Дневники. / Сост. В.В. Кунин В 2 т. Т. 2 М., 1983;
Интернет-ресурс: http://www.peoples.ru/state/criminal/dantes/

Улицы Парижа конца XIX века

Из рассказов о Пушкине

В.А. Нащокина*

Пушкина называли ревнивым мужем. Я этого не замечала. Знаю, что любовь его к жене была безгранична. Наталья Николаевна была его богом, которому он поклонялся, которому верил всем сердцем, и я убеждена, что он никогда даже мыслью, даже намёком на какое-либо подозрение не допускал оскорбить её. <...> Надо было видеть радость и счастье поэта, когда он получал письма от жены. Он весь сиял и осыпал эти исписанные листочки бумаги поцелуями. <...>

В последние годы клевета, стеснённость в средствах и гнусные анонимные письма омрачали семейную жизнь поэта, однако мы в Москве видели его всегда неизменно весёлым, как и в прежние годы, никогда не допускавшим никакой дурной мысли о своей жене. Он боготворил её по-прежнему.

Задания

 1 **Восстановите последовательность событий (письмо 1 от 5 апреля 1830 года, часть 1).**

Ждал ответа — не мог вынести ни вашего, ни её присутствия — голова у меня закружилась — я уехал в армию — ваш ответ свёл меня с ума — я сделал предложение — непроизвольная тоска гнала меня из Москвы — я полюбил — я вам писал — ответ не приходил — я надеялся, ждал ответа — заблуждения ранней молодости представились моему воображению — я приходил в отчаяние.

1. ....
2. ....
3. ....
4. ....
5. ....
6. ....
7. ....
8. ....
9. ....
10. ....
11. ....
12. ....
13. ....

---

* Вера Александровна Нащокина, до замужества Нарская (1800—1854), жена ближайшего друга А.С. Пушкина — Павла Войновича Нащокина

2 **Ответьте на вопросы (письмо 1 от 5 апреля 1830 года, части 2,3).**

1. Расскажите, как встретили Пушкина Наталья с матерью.
2. Почему Пушкин не объяснился?
3. Почему он уехал опять в полном отчаянии?
4. Любит ли Натали Пушкина (по его мнению)?
5. О каком восхищении, поклонении и о каких соблазнах пишет Пушкин?
6. «Подходящий» ли жених Пушкин?
7. Почему он думает, что она будет смотреть на него как на помеху (помеха — то, что мешает, препятствие)?
8. Что, по мнению Пушкина, может почувствовать к нему его жена, когда ей «станут говорить, что только несчастная судьба помешала ей заключить более блестящий союз»?
9. Каким глаголом можно заменить выражение «Бог мне свидетель»? (☺ клнс / *инф:* клстс)
10. Прочитайте ещё раз фразу из письма Пушкина: «...я готов умереть за неё; но умереть для того, чтобы оставить её блестящей вдовой, вольной на другой день выбрать себе нового мужа, — эта мысль для меня — ад...». Какие чувства скрываются за этой фразой? Сделайте выбор: радость, страх, ревность, самопожертвование, любовь, отчаяние, бешенство, досада, тоска, жалость, нежность, неуверенность, восторг, отвращение.

3 **Напишите антонимы к словам и выражениям (письмо 2 от 31 августа 1830 года).**

Мне очень весело ≠ ....
дела в полном порядке ≠ ....
женатый человек ≠ ....
примирение ≠ ....
точно знаю когда ≠ ....

4 **Вы — Плетнёв (друг Пушкина, которому поэт адресовал письмо). Напишите письмо вашему общему хорошему приятелю о том, как идут дела у Пушкина. Чем ему помочь?**

5 **Заполните пропуски подходящими словами. Используйте лексику письма 2 от 31 августа 1830 года.**

Дорогая моя мама, хочу написать тебе, как .... у меня на ....

Свадьба моя .... , так как дела жениха моего ....

Весна .... Это любимое моё время года — здоровье моё
.... , вдохновение приходит, а я должна вести приготовления
к свадьбе, к переезду, которые бог .... будут. Кроме того, до меня
доходят разные ....о прошлом моего жениха — отсюда у нас
.... , потом .... Грустно мне. ....
тебя и всех вас.

6 Подтвердите или опровергните утверждения. Аргументируйте
свой ответ (письмо 3 от 9 сентября 1830 года).

1. Пушкин получил от Натальи письмо.
2. Он очень, очень рад.
3. До получения письма он очень волновался.
4. Это письмо его не успокоило.
5. Выражение «моё пребывание может затянуться» значит: «я скоро приеду».
6. «Cholera morbus » — это имя подружки Пушкина, которая просит побыть
   его с ней ещё дней двадцать.
7. В этом письме он обращается к Наталье на ты.

7 Подтвердите или опровергните данные утверждения. Аргументируйте свой ответ (письмо 4 от 9 сентября 1830 года).

1. Это письмо адресовано брату.
2. Пушкин ужасно грустен, потому что он не может быть с Натальей.
3. Он собирается писать и писать.
4. Невеста — это ужас, потому что при невесте Пушкин не чувствует себя
   свободным делать то, что ему хочется, а именно — писать.
5. Выражение «жена свой брат» значит: с женой я чувствую себя как со своим
   братом — спокойно и свободно.
6. Натали хочет, чтобы Пушкин приехал в Москву.

8 Сделайте пересказ-резюме письма 5 от 30 сентября 1830 года.
Начните с фразы: «Пушкин пишет о том, что...»

1. ....
2. ....
3. ....

9 Выразите мысль другими словами, используя лексику писем 6–11
(11 октября 1830 года — 25 сентября 1835 года).

1. В Москву невозможно въехать = ...
2. Я не могу выехать из Болдина = ...
3. Я потерял всякую надежду = ...

ПИСЬМА ПУШКИНА (ПРОДОЛЖЕНИЕ)

4. Я не знаю, что делать = ...
5. Невозможно простить = ...
6. Не могу сказать/ не нахожу слов = ...
7. Бежать = ...
8. Родиться заново = ...
9. Ты — единственное моё утешение = ...
10. Жить вдали друг от друга = ...
11. Я не получил от тебя ни одного письма = ...
12. Я с ума сойду, не получая от тебя писем = ...
13. Дети = ...
14. До настоящего времени = ...
15. Любовь без границ = ...
16. Я уверен(а) на сто процентов = ...
17. Светиться от радости = ...
18. Целовать (много раз) письма = ...
19. Допускать плохие мысли = ...
20. Поклоняться (кому) / молиться на кого, В.п. = ...

ПИКОВАЯ ДАМА

А.С. Пушкин

Пиковая дама означает тайную недоброжелательность.

Новейшая гадательная книга

А в ненастные дни
Собирались они
Часто;
Гнули — бог их прости! —
От пятидесяти
На сто,
И выигрывали,
И отписывали
Мелом.
Так, в ненастные дни,
Занимались они
Делом.

Часть I

Однажды играли в карты у конногвардейца Нарумова. Долгая зимняя ночь прошла незаметно; сели ужинать в пятом часу утра. Те, которые остались в выигрыше, ели с большим аппетитом, прочие, в рассеянности, сидели перед пустыми своими приборами. Но шампанское явилось, разговор оживился, и все приняли в нём участие.

— Что ты сделал, Сурин? — спросил хозяин.

— Проиграл, по обыкновению. Надобно признаться, что я несчастлив: играю мирандолем*, никогда не горячусь, ничем меня с толку не собьёшь, а всё проигрываюсь!

---

* **Играть мирандолем** — не рисковать, играть маленькими суммами денег, не увеличивать ставок.

— И ты ни разу не соблазнился? ни разу не поставил на руте́*?.. Твёрдость твоя́ для меня́ удиви́тельна.

— А како́в Ге́рманн! — сказа́л оди́н из госте́й, ука́зывая на молодо́го инжене́ра, — о́троду не брал он ка́рты в ру́ки, о́троду не загну́л ни одного́ паро́ли**, а до пяти́ часо́в сиди́т с на́ми и смо́трит на на́шу игру́!

— Игра́ занима́ет меня́ си́льно, — сказа́л Ге́рманн, — но я не в состоя́нии же́ртвовать необходи́мым в наде́жде приобрести́ изли́шнее.

— Ге́рманн не́мец: он расчётлив, вот и всё! — заме́тил То́мский. — А е́сли кто для меня́ непоня́тен, так э́то моя́ ба́бушка графи́ня А́нна Федо́товна.

— Как? что? — закрича́ли го́сти.

— Не могу́ пости́гнуть, — продолжа́л То́мский, — каки́м о́бразом ба́бушка моя́ не понти́рует!

— Да что ж тут удиви́тельного, — сказа́л Нару́мов, — что осьмидесятиле́тняя*** стару́ха не понти́рует?

— Так вы ничего́ про неё не зна́ете?

— Нет! пра́во, ничего́!

— О, так послу́шайте:

На́добно знать, что ба́бушка моя́, лет шестьдеся́т тому́ наза́д, е́здила в Пари́ж и была́ там в большо́й мо́де. Наро́д бе́гал за не́ю, чтоб уви́деть la Vénus moscovite****; Ришелье́ за не́ю волочи́лся, и ба́бушка уверя́ет, что он чуть бы́ло не застрели́лся от её жесто́кости.

В то вре́мя да́мы игра́ли в фарао́н. Одна́жды при дворе́ она́ проигра́ла на сло́во ге́рцогу Орлеа́нскому что́-то о́чень мно́го. Прие́хав домо́й, ба́бушка, отле́пливая му́шки с лица́ и отвя́зывая фи́жмы, объяви́ла де́душке о своём про́игрыше и приказа́ла заплати́ть.

**В игорном доме.
А.Н. Бенуа**

Поко́йный де́душка, ско́лько я по́мню, был род ба́бушкина дворе́цкого. Он её боя́лся, как огня́; одна́ко, услы́шав о тако́м ужа́сном про́игрыше, он вы́шел из себя́, принёс счёты, доказа́л ей, что в полго́да они́ издержа́ли полмиллио́на, что под Пари́жем нет у них ни подмоско́вной, ни сара́товской дере́вни, и на́чисто отказа́лся от платежа́. Ба́бушка дала́ ему́ пощёчину и легла́ спать одна́, в знак свое́й неми́лости.

На друго́й день она́ веле́ла позва́ть му́жа, наде́ясь, что дома́шнее наказа́ние над ним поде́йствовало, но нашла́ его́ непоколе-

---

*   **Ста́вить на руте́** – ста́вить большу́ю су́мму на одну́ ка́рту, рискова́ть деньга́ми.

**   **Паро́ли** — увели́чить ста́вку вдво́е, паро́ли пе — увели́чить ста́вку вчетве́ро.

***   **Осьмидесятиле́тняя** (*устар.*) — восьмидесятиле́тняя.

**** La Venus moscovite — моско́вскую Вене́ру (*франц.*).

бимым. В первый раз в жизни она дошла с ним до рассуждений и объяснений; думала усовестить его, снисходительно доказывая, что долг долгу розь и что есть разница между принцем и каретником. — Куда! дедушка бунтовал. Нет, да и только! Бабушка не знала, что делать.

С нею был коротко знаком человек очень замечательный. Вы слышали о графе Сен-Жермене, о котором рассказывают так много чудесного. Вы знаете, что он выдавал себя за вечного жида, за изобретателя жизненного эликсира и философского камня, и прочая. Над ним смеялись, как над шарлатаном, а Казанова в своих Записках говорит, что он был шпион; впрочем, Сен-Жермен, несмотря на свою таинственность, имел очень почтенную наружность и был в обществе человек очень любезный. Бабушка до сих пор любит его без памяти и сердится, если говорят о нём с неуважением. Бабушка знала, что Сен-Жермен мог располагать большими деньгами. Она решилась к нему прибегнуть. Написала ему записку и просила немедленно к ней приехать.

Старый чудак явился тотчас и застал в ужасном горе. Она описала ему самыми чёрными красками варварство мужа и сказала наконец, что всю свою надежду полагает на его дружбу и любезность.

Сен-Жермен задумался.

«Я могу вам услужить этой суммою, — сказал он, — но знаю, что вы не будете спокойны, пока со мною не расплатитесь, а я бы не желал вводить вас в новые хлопоты. Есть другое средство: вы можете отыграться». — «Но, любезный граф, — отвечала бабушка, — я говорю вам, что у нас денег вовсе нет». — «Деньги тут не нужны, — возразил Сен-Жермен: — извольте меня выслушать». Тут он открыл ей тайну, за которую всякий из нас дорого бы дал...

Молодые игроки удвоили внимание. Томский закурил трубку, затянулся и продолжал.

В тот же самый вечер бабушка явилась в Версали, au jeu de la Reine*. Герцог Орлеанский метал; бабушка слегка извинилась, что не привезла своего долга, в оправдание сплела маленькую историю и стала против него понтировать. Она выбрала три карты, поставила их одну за другою: все три выиграли ей соника, и бабушка отыгралась совершенно.

— Случай! — сказал один из гостей.

— Сказка! — заметил Германн.

— Может статься, порошковые карты? — подхватил третий.

— Не думаю, — отвечал важно Томский.

— Как! — сказал Нарумов, — у тебя есть бабушка, которая угадывает три карты сряду, а ты до сих пор не перенял у ней её кабалистики?

— Да, чёрта с два! — отвечал Томский, — у ней было четверо сыновей, в том числе и мой отец: все четыре отчаянные игроки, и ни одному не открыла она своей тайны; хоть это было бы не худо для них и даже для меня. Но вот что мне рассказывал дядя, граф Иван Ильич, и в чём он меня уверял честью.

---

* Au jeu de la Reine — на карточную игру у королевы (*франц.*).

Покойный Чаплицкий, тот самый, который умер в нищете, промотав миллионы, однажды в молодости своей проиграл — помнится Зоричу — около трёхсот тысяч. Он был в отчаянии. Бабушка, которая всегда была строга к шалостям молодых людей, как-то сжалилась над Чаплицким. Она дала ему три карты, с тем, чтоб он поставил их одну за другою, и взяла с него честное слово впредь уже никогда не играть. Чаплицкий явился к своему победителю: они сели играть. Чаплицкий поставил на первую карту пятьдесят тысяч и выиграл соника; загнул пароли, пароли-пе, — отыгрался и остался ещё в выигрыше...

Однако пора спать: уже без четверти шесть.

В самом деле, уж рассветало: молодые люди допили свои рюмки и разъехались.

Часть II

Il paraît que monsieur est décidément pour les suivantes.
Que voulez-vous, madame? Elles sont plus fraîches*.

Светский разговор

Старая графиня *** сидела в своей уборной[1] перед зеркалом. Три девушки окружали её. Одна держала банку румян[2], другая коробку со шпильками, третья высокий чепец[3] с лентами огненного цвета. Графиня не имела ни малейшего притязания на красоту давно увядшую, но сохраняла все привычки своей молодости, строго следовала модам семидесятых годов и одевалась так же долго, так же старательно, как и шестьдесят лет тому назад. У окошка сидела за пяльцами[4] барышня, ее воспитанница.

— Здравствуйте, grand'maman, — сказал, вошедши, молодой офицер. — Bonjour, mademoiselle Lise. Grand'maman, я к вам с просьбою.

— Что такое, Paul?

— Позвольте вам представить одного из моих приятелей и привезти его к вам в пятницу на бал.

— Привези мне его прямо на бал, и тут мне его и представишь. Был ты вчерась у ***?

— Как же! очень было весело; танцевали до пяти часов. Как хороша была Елецкая!

— И, мой милый! Что в ней хорошего? Такова ли была её бабушка, княгиня Дарья Петровна?.. Кстати: я чай[5], она уж очень постарела, княгиня Дарья Петровна?

---

*   — Il paraît que monsieur est decidement pour les suivantes. — Que voulez-vous, madame? Elles sont plus fraîches. — Вы, кажется, решительно предпочитаете камеристок. — Что делать? Они свежее (*франц.*).

— Как постаре́ла? — отвеча́л рассе́янно То́мский, — она́ лет семь как умерла́.

Ба́рышня подняла́ го́лову и сде́лала знак молодо́му челове́ку. Он вспо́мнил, что от ста́рой графи́ни таи́ли сме́рть её рове́сниц, и закуси́л себе́ губу́. Но графи́ня услы́шала весть, для неё но́вую, с больши́м равноду́шием.

— Умерла́! — сказа́ла она́, — а я и не зна́ла! Мы вме́сте бы́ли пожа́лованы во фре́йлины, и когда́ мы предста́вились, то госуда́рыня...

И графи́ня в со́тый раз рассказа́ла вну́ку свой анекдо́т.

— Ну, Paul, — сказа́ла она́ пото́м, — тепе́рь помоги́ мне встать. Ли́занька, где моя́ табаке́рка⁶?

И графи́ня со свои́ми де́вушками пошла́ за ши́рмами ока́нчивать свой туале́т. То́мский оста́лся с ба́рышнею.

— Кого́ э́то вы хоти́те предста́вить? — ти́хо спроси́ла Лизаве́та Ива́новна.

— Нару́мова. Вы его́ зна́ете?

— Нет! Он вое́нный и́ли ста́тский?

— Вое́нный.

— Инжене́р?

— Нет! Кавалери́ст. А почему́ вы ду́мали, что он инжене́р?

Ба́рышня засмея́лась и не отвеча́ла ни сло́ва.

— Paul! — закрича́ла графи́ня из-за ши́рмов, — пришли́ мне како́й-нибу́дь но́вый рома́н, то́лько, пожа́луйста, не из ны́нешних.

— Как э́то, grand'maman?

— То есть тако́й рома́н, где бы геро́й не дави́л ни отца́, ни ма́тери и где бы не́ было уто́пленных тел. Я ужа́сно бою́сь уто́пленников!

— Таки́х рома́нов ны́нче нет. Не хоти́те ли ра́зве ру́сских?

— А ра́зве есть ру́сские рома́ны?.. Пришли́, ба́тюшка, пожа́луйста пришли́!

— Прости́те, grand'maman: я спешу́... Прости́те, Лизаве́та Ива́новна! Почему́ же вы ду́мали, что Нару́мов инжене́р?

И То́мский вы́шел из убо́рной.

Лизаве́та Ива́новна оста́лась одна́: она́ оста́вила рабо́ту и ста́ла гляде́ть в окно́. Вско́ре на одно́й стороне́ у́лицы из-за у́гольного до́ма показа́лся молодо́й офице́р. Румя́нец покры́л её щёки: она́ приняла́сь опя́ть за рабо́ту и наклони́ла го́лову над са́мой канво́ю. В э́то вре́мя вошла́ графи́ня, совсе́м оде́тая.

— Прикажи́, Ли́занька, — сказа́ла она́, — каре́ту закла́дывать, и пое́дем прогуля́ться.

Ли́занька вста́ла из-за пя́льцев и ста́ла убира́ть свою́ рабо́ту.

— Что ты, мать моя́! глуха́, что ли! — закрича́ла графи́ня. — Вели́ скоре́й закла́дывать каре́ту.

— Сейча́с! — отвеча́ла ти́хо ба́рышня и побежа́ла в пере́днюю.

Слуга́ вошёл и по́дал графи́не кни́ги от кня́зя Па́вла Алекса́ндровича.

— Хорошо́! Благодари́ть,— сказа́ла графи́ня. — Ли́занька, Ли́занька! да куда́ ж ты бежи́шь?

— Одева́ться.

— Успе́ешь, ма́тушка. Сиди́ здесь. Раскро́й-ка пе́рвый том; чита́й вслух...

Ба́рышня взяла́ кни́гу и прочла́ не́сколько строк.

— Гро́мче! — сказа́ла графи́ня. — Что с тобо́ю, мать моя́? с го́лосу спа́ла[7], что ли?.. Погоди́: подви́нь мне скаме́ечку, бли́же... ну!

Лизаве́та Ива́новна прочла́ ещё две страни́цы. Графи́ня зевну́ла.

— Брось э́ту кни́гу, — сказа́ла она́, — что за вздор![8] Отошли́ э́то кня́зю Па́влу и вели́ благодари́ть... Да что ж каре́та?

— Каре́та гото́ва, — сказа́ла Лизаве́та Ива́новна, взгляну́в на у́лицу.

— Что ж ты не оде́та? — сказа́ла графи́ня, — всегда́ на́добно тебя́ ждать! Это, ма́тушка, несно́сно.

Ли́за побежа́ла в свою́ ко́мнату. Не прошло́ двух мину́т, графи́ня начала́ звони́ть изо́ всей мо́чи[9]. Три де́вушки вбежа́ли в одну́ дверь, а камерди́нер в другу́ю.

— Что э́то вас не докли́чешься?[10] — сказа́ла им графи́ня. — Сказа́ть Лизаве́те Ива́новне, что я её жду.

Лизаве́та Ива́новна вошла́ в капо́те[11] и в шля́пке.

— Наконе́ц, мать моя́! — сказа́ла графи́ня. — Что за наря́ды! Заче́м э́то?.. кого́ прельща́ть[12]?.. А какова́ пого́да? — ка́жется, ве́тер.

— Ника́к нет-с, ва́ше сия́тельство! о́чень ти́хо-с! — отвеча́л камерди́нер.

— Вы всегда́ говори́те наобу́м! Отвори́те фо́рточку. Так и есть: ве́тер! и прехоло́дный! Отложи́ть каре́ту! Ли́занька, мы не пое́дем: не́чего бы́ло наряжа́ться.

«И вот моя́ жизнь!» — поду́мала Лизаве́та Ива́новна.

В са́мом де́ле, Лизаве́та Ива́новна была́ пренесча́стное созда́ние. Го́рек чужо́й хлеб, говори́т Да́нте, и тяжелы́ ступе́ни чужо́го крыльца́, а кому́ и знать го́речь зави́симости, как не бе́дной воспи́таннице зна́тной стару́хи? Графи́ня ***, коне́чно, не име́ла злой души́; но была́ своенра́вна, как же́нщина, избало́ванная све́том, скупа́ и погружена́ в холо́дный эгои́зм, как и все ста́рые лю́ди, отлюби́вшие в свой век и чужды́е настоя́щему. Она́ уча́ствовала во всех су́етностях большо́го све́та, таска́лась на балы́, где сиде́ла в углу́, разрумя́ненная и оде́тая по стари́нной мо́де, как уро́дливое и необходи́мое украше́ние ба́льной за́лы; к ней с ни́зкими покло́нами подходи́ли приезжа́ющие го́сти, как по устано́вленному обря́ду, и пото́м уже никто́ е́ю не занима́лся. У себя́ принима́ла она́ весь го́род, наблюда́я стро́гий этике́т и не узнава́я никого́ в лицо́. Многочи́сленная че́лядь её, разжире́в и поседе́в в её пере́дней и де́вичьей, де́лала, что хоте́ла, наперерыв обкра́дывая умира́ющую стару́ху.

Лизаве́та Ива́новна была́ дома́шней му́ченицею. Она́ разлива́ла чай и получа́ла вы́говоры за ли́шний расхо́д са́хара; она́ вслух чита́ла рома́ны и винова́та была́ во всех оши́бках а́втора; она́ сопровожда́ла графи́ню в её прогу́лках и отвеча́ла за пого́ду и за мостову́ю. Ей бы́ло назна́чено жа́лованье, кото́рое никогда́ не допла́чивали; а ме́жду тем тре́бовали от неё, чтоб она́ оде́та была́, как и все, то есть как о́чень немно́гие. В све́те игра́ла она́ са́мую жа́лкую роль. Все её зна́ли и никто́ не замеча́л; на бала́х она́ танцева́ла то́лько тогда́, как недостава́ло vis-à-vis*, и да́мы бра́ли её под ру́ку вся́кий раз, как им ну́жно бы́ло идти́ в убо́рную попра́вить что́-нибудь в своём наря́де. Она́ была́ самолюби́ва, жи́во чу́вствовала своё положе́ние и гляде́ла круго́м себя́, — с нетерпе́нием ожида́я избави́теля; но молоды́е лю́ди, расчётливые в ве́треном своём тщесла́вии, не удосто́ивали её внима́ния, хотя́ Лизаве́та Ива́новна была́ сто раз миле́е на́глых и холо́дных неве́ст, о́коло кото́рых они́ увива́лись. Ско́лько раз, оста́вя тихо́нько ску́чную и пы́шную гости́ную, она́ уходи́ла пла́кать в бе́дной свое́й ко́мнате, где стоя́ли ши́рмы, окле́енные обо́ями, комо́д, зе́ркальце и кра́шеная крова́ть и где са́льная свеча́ тёмно горе́ла в ме́дном шанда́ле!

Одна́жды — это случи́лось два дня по́сле ве́чера, опи́санного в нача́ле э́той по́вести, и за неде́лю пе́ред той сце́ной, на кото́рой мы останови́лись, — одна́жды Лизаве́та Ива́новна, си́дя под око́шком за пя́льцами, неча́янно взгляну́ла на у́лицу и уви́дела молодо́го инжене́ра, стоя́щего неподви́жно и устреми́вшего глаза́ к её око́шку. Она́ опусти́ла го́лову и сно́ва заняла́сь рабо́той; че́рез пять мину́т взгляну́ла опя́ть — молодо́й офице́р стоя́л на том же ме́сте. Не име́я привы́чки коке́тничать с прохо́жими офице́рами, она́ переста́ла гляде́ть на у́лицу и ши́ла о́коло двух часо́в, не

Герма́нн, стоя́щий перед окна́ми до́ма графи́ни. А.Н. Бенуа́

приподнима́я головы́. По́дали обе́дать. Она́ вста́ла, начала́ убира́ть свои́ пя́льцы и, взгляну́в неча́янно на у́лицу, опя́ть уви́дела офице́ра. Это показа́лось ей дово́льно стра́нным. По́сле обе́да она́ подошла́ к око́шку с чу́вством не́которого беспоко́йства, но уже́ офице́ра не́ было, — и она́ про него́ забы́ла...

Дня че́рез два, выходя́ с графи́ней сади́ться в каре́ту, она́ опя́ть его́ уви́дела. Он стоя́л у са́мого подъе́зда, закры́в лицо́ бобро́вым воротнико́м: чёрные глаза́ его́ сверка́ли из-под шля́пы. Лизаве́та Ива́новна испуга́лась, сама́ не зна́я чего́, и се́ла в каре́ту с тре́петом неизъясни́мым.

Возвратя́сь домо́й, она́ подбежа́ла к око́шку, — офице́р стоя́л на пре́жнем ме́сте, устреми́в на неё глаза́: она́ отошла́, му́чась любопы́тством и волну́емая чу́вством, для неё соверше́нно но́вым.

С того́ вре́мени не проходи́ло дня, чтоб молодо́й челове́к в изве́стный час не явля́лся под о́кнами их до́ма. Ме́жду им и е́ю учреди́лись неусло́вленные сноше́ния. Си́дя на своём ме́сте за рабо́той, она́ чу́вствовала его́ приближе́ние, — подыма́ла го́лову, смотре́ла на него́ с ка́ждым днём до́лее и до́лее. Молодо́й челове́к, каза́лось, был за то ей благода́рен: она́ ви́дела о́стрым

---

* Vis-a-vis — па́ры (*франц.*).

взором мо́лодости, как бы́стрый румя́нец покрыва́л его́ бле́дные щёки вся́-кий раз, когда́ взо́ры их встреча́лись. Че́рез неде́лю она́ ему́ улыбну́лась...

Когда́ То́мский спроси́л позволе́ния предста́вить графи́не своего́ прия́те-ля, се́рдце бе́дной де́вушки заби́лось. Но узна́в, что Нару́мов не инжене́р, а конногварде́ец, она́ сожале́ла, что нескро́мным вопро́сом вы́сказала свою́ та́йну ве́треному То́мскому.

Ге́рманн был сын обрусе́вшего не́мца, оста́вившего ему́ ма́ленький капи-та́л. Бу́дучи твёрдо убеждён в необходи́мости упро́чить свою́ незави́симость, Ге́рманн не каса́лся и проце́нтов, жил одни́м жа́лованьем, не позволя́л себе́ мале́йшей при́хоти. Впро́чем, он был скры́тен и честолюби́в, и това́рищи его́ ре́дко име́ли слу́чай посмея́ться над его́ изли́шней бережли́востью. Он име́л си́льные стра́сти и о́гненное воображе́ние, но твёрдость спасла́ его́ от обыкнове́нных заблужде́ний мо́лодости. Так, наприме́р, бу́дучи в душе́ игро́к, никогда́ не брал он ка́рты в ру́ки, и́бо рассчита́л, что его́ состоя́ние не позволя́ло ему́ (как ска́зывал он) *же́ртвовать необходи́мым в наде́жде при-обрести́ изли́шнее*, — а ме́жду тем це́лые но́чи проси́живал за ка́рточными стола́ми и сле́довал с лихора́дочным тре́петом за разли́чными оборо́тами игры́.

Анекдо́т о трёх ка́ртах си́льно поде́йствовал на его́ воображе́ние и це́лую ночь не выходи́л из его́ головы́. «Что, е́сли, — ду́мал он на друго́й день ве́-чером, бродя́ по Петербу́ргу, — что, е́сли ста́рая графи́ня откро́ет мне свою́ та́йну! — и́ли назна́чит мне э́ти три ве́рные ка́рты! Почему́ ж не попро́бовать своего́ сча́стия?.. Предста́виться ей, подби́ться в её ми́лость, — пожа́луй, сде́-латься её любо́вником, — но на э́то всё тре́буется вре́мя — а ей во́семьдесят семь лет, — она́ мо́жет умере́ть че́рез неде́лю, — че́рез два дня!.. Да и са́мый анекдо́т?.. Мо́жно ли ему́ ве́рить?.. Нет! расчёт, уме́ренность и трудолю́бие: вот мои́ три ве́рные ка́рты, вот что утро́ит, усемери́т мой капита́л и доста́вит мне поко́й и незави́симость!»

Рассужда́я таки́м о́бразом, очути́лся он в одно́й из гла́вных у́лиц Петербу́р-га, пе́ред до́мом стари́нной архитекту́ры. У́лица была́ заста́влена экипа́жами, каре́ты одна́ за друго́ю кати́лись к освещённому подъе́зду. Из каре́т помину́т-но вытя́гивались то стро́йная нога́ молодо́й краса́вицы, то грему́чая ботфо́рта, то полоса́тый чуло́к и дипломати́ческий башма́к. Шу́бы и плащи́ мелька́ли ми́мо велича́вого швейца́ра. Ге́рманн останови́лся.

— Чей э́то дом? — спроси́л он у углово́го бу́дочника.

— Графи́ни ***, — отвеча́л бу́дочник.

Ге́рманн затрепета́л. Удиви́тельный анекдо́т сно́ва предста́вился его́ во-ображе́нию. Он стал ходи́ть о́коло до́ма, ду́мая об его́ хозя́йке и о чу́дной её спосо́бности. По́здно вороти́лся он в смире́нный свой уголо́к[13]; до́лго не мог засну́ть, и, когда́ сон им овладе́л, ему́ пригре́зились ка́рты, зелёный стол, ки́пы ассигна́ций и гру́ды черво́нцев[14]. Он ста́вил ка́рту за ка́ртой, гнул углы́ реши́тельно, вы́игрывал беспреста́нно, и загреба́л к себе́ зо́лото, и клал ассигна́ции в карма́н. Просну́вшись уже́ по́здно, он вздохну́л о поте́ре своего́ фантасти́ческого бога́тства, пошёл опя́ть броди́ть по го́роду и опя́ть очути́лся[15] пе́ред до́мом графи́ни***. Неве́домая си́ла, каза́лось, привлека́ла его́ к нему́. Он останови́лся и стал смотре́ть на о́кна. В одно́м уви́дел он черново́лосую голо́вку, наклонённую, вероя́тно, над кни́гой и́ли над рабо́той. Голо́вка приподняла́сь. Ге́рманн уви́дел све́жее ли́чико и чёрные глаза́. Эта мину́та реши́ла его́ у́часть.

Часть III

Vous m'écrivez, mon ange, des lettres de quatre pages
plus vite que je ne puis les lire*.

Переписка

То́лько Лизаве́та Ива́новна успе́ла снять капо́т и шля́пу, как уже́ графи́ня посла́ла за не́ю и веле́ла опя́ть подава́ть каре́ту. Они́ пошли́ сади́ться. В то са́мое вре́мя, как два лаке́я приподня́ли стару́ху и просу́нули в две́рцы, Лизаве́та Ива́новна у са́мого колеса́ уви́дела своего́ инжене́ра; он схвати́л её ру́ку; она́ не могла́ опо́мниться от испу́гу[1], молодо́й челове́к исче́з: письмо́ оста́лось в её руке́. Она́ спря́тала его́ за перча́тку и во всю доро́гу[2] ничего́ не слыха́ла и не вида́ла. Графи́ня име́ла обыкнове́ние помину́тно де́лать в каре́те вопро́сы[3]: кто э́то с на́ми встре́тился? — как зову́т э́тот мост?[4] — что там напи́сано на вы́веске? Лизаве́та Ива́новна на сей раз отвеча́ла наобу́м[5] и невпопа́д и рассерди́ла графи́ню.

— Что с тобо́ю сде́лалось, мать моя́! Столбня́к ли на тебя́ нашёл[6], что ли? Ты меня́ и́ли не слы́шишь, или не понима́ешь?.. Сла́ва бо́гу, я не карта́влю[7] и из ума́ ещё не вы́жила[8]!

Лизаве́та Ива́новна её не слу́шала. Возвратя́сь домо́й, она́ побежа́ла в свою́ ко́мнату, вы́нула из-за перча́тки письмо́: оно́ бы́ло не запеча́тано. Лизаве́та Ива́новна его́ прочита́ла. Письмо́ содержа́ло в себе́ призна́ние в любви́: оно́ бы́ло не́жно, почти́тельно и сло́во в сло́во взя́то из неме́цкого рома́на. Но Лизаве́та Ива́новна по-неме́цки не уме́ла и была́ о́чень им дово́льна.

Одна́ко при́нятое е́ю письмо́ беспоко́ило её чрезвыча́йно. Впервы́е входи́ла она́ в та́йные, те́сные сноше́ния с молоды́м мужчи́ною. Его́ де́рзость ужаса́ла её. Она́ упрека́ла себя́ в неосторо́жном поведе́нии и не зна́ла, что де́лать: переста́ть ли сиде́ть у око́шка и невнима́нием охлади́ть в молодо́м офице́ре охо́ту к дальне́йшим пресле́дованиям? — отосла́ть ли ему́ письмо́? — отвеча́ть ли хо́лодно и реши́тельно? Ей не с кем бы́ло посове́товаться, у ней не было ни подру́ги, ни наста́вницы. Лизаве́та Ива́новна реши́лась отвеча́ть.

---

* Vous m'ecrivez, mon ange, des lettres de quatre pages plus vite que je ne puis les lire. — Вы пишете мне, мой ангел, письма по четыре страницы быстрее, чем я успеваю их прочитать (*франц.*)

Она села за письменный столик, взяла перо, бумагу — и задумалась. Несколько раз начинала она своё письмо, — и рвала его: то выражения казались ей слишком снисходительными, то слишком жестокими. Наконец ей удалось написать несколько строк, которыми она осталась довольна. «Я уверена, — писала она, — что вы имеете честные намерения и что вы не хотели оскорбить меня необдуманным поступком; но знакомство наше не должно бы начаться таким образом. Возвращаю вам письмо ваше и надеюсь, что не буду впредь иметь причины жаловаться на незаслуженное неуважение».

На другой день, увидя идущего Германна, Лизавета Ивановна встала из-за пяльцев, вышла в залу, отворила форточку и бросила письмо на улицу, надеясь на проворство[9] молодого офицера. Германн подбежал, поднял его и вошёл в кондитерскую лавку. Сорвав печать, он нашёл своё письмо и ответ Лизаветы Ивановны. Он того и ожидал и возвратился домой, очень занятый своей интригою.

Три дня после того Лизавете Ивановне молоденькая, быстроглазая мамзель[10] принесла записочку из модной лавки[11]. Лизавета Ивановна открыла её с беспокойством, предвидя денежные требования, и вдруг узнала руку Германна.

— Вы, душенька, ошиблись, — сказала она, — эта записка не ко мне.

— Нет, точно к вам! — отвечала смелая девушка, не скрывая лукавой улыбки. — Извольте прочитать!

Лизавета Ивановна пробежала записку. Германн требовал свидания.

— Не может быть! — сказала Лизавета Ивановна, испугавшись и поспешности требований и способу, им употреблённому. — Это писано, верно, не ко мне! — И разорвала письмо в мелкие кусочки.

— Коли[12] письмо не к вам, зачем же вы его разорвали? — сказала мамзель, — я бы возвратила его тому, кто его послал.

— Пожалуйста, душенька! — сказала Лизавета Ивановна, вспыхнув от её замечания[13], — вперёд ко мне записок не носите. А тому, кто вас послал, скажите, что ему должно быть стыдно...

**Германн у подъезда графини.
А.Н. Бенуа**

Но Германн не унялся[14]. Лизавета Ивановна каждый день получала от него письма, то тем, то другим образом. Они уже не были переведены с немецкого. Германн их писал, вдохновенный страстию, и говорил языком, ему свойственным: в них выражались и непреклонность его желаний, и беспорядок необузданного воображения[15]. Лизавета Ивановна уже не думала их отсылать: она упивалась ими[16]; стала на них отвечать, —

и её записки час от часу становились длиннее и нежнее. Наконец она бросила ему в окошко следующее письмо:

«Сегодня бал у *** ского посланника. Графиня там будет. Мы останемся часов до двух. Вот вам случай увидеть меня наедине. Как скоро графиня уедет, её люди, вероятно, разойдутся, в сенях останется швейцар[17], но и он обыкновенно уходит в свою каморку. Приходите в половине двенадцатого. Ступайте прямо на лестницу. Коли вы найдёте кого в передней, то вы спросите, дома ли графиня. Вам скажут нет, — и делать нечего. Вы должны будете воротиться. Но, вероятно, вы не встретите никого. Девушки сидят у себя, все в одной комнате. Из передней ступайте налево, идите всё прямо до графининой спальни. В спальне за ширмами увидите две маленькие двери: справа в кабинет, куда графиня никогда не входит; слева в коридор, и тут же узенькая витая лестница: она ведёт в мою комнату».

Германн трепетал, как тигр, ожидая назначенного времени. В десять часов вечера он уж стоял перед домом графини. Погода была ужасная: ветер выл, мокрый снег падал хлопьями; фонари светились тускло; улицы были пусты. Изредка тянулся ванька на тощей кляче своей, высматривая запоздалого седока[18]. Германн стоял в одном сертуке[19], не чувствуя ни ветра, ни снега. Наконец графинину карету подали. Германн видел, как лакеи вынесли под руки сгорбленную старуху, укутанную в соболью шубу, и как вослед за нею, в холодном плаще, с головой, убранною свежими цветами, мелькнула её воспитанница. Дверцы захлопнулись. Карета тяжело покатилась по рыхлому снегу. Швейцар запер двери. Окна померкли. Германн стал ходить около опустевшего дома: он подошёл к фонарю, взглянул на часы, — было двадцать минут двенадцатого. Он остался под фонарём, устремив глаза на часовую стрелку и выжидая остальные минуты. Ровно в половине двенадцатого Германн ступил на графинино крыльцо и взошёл в ярко освещённые сени. Швейцара не было. Германн взбежал по лестнице, отворил двери в переднюю и увидел слугу, спящего под лампою, в старинных, запачканных креслах. Лёгким и твёрдым шагом Германн прошёл мимо его. Зала и гостиная были темны. Лампа слабо освещала их из передней. Германн вошёл в спальню. Перед кивотом[20], наполненным старинными образами, теплилась золотая лампада[21]. Полинялые штофные кресла[22] и диваны с пуховыми подушками, с сошедшей позолотою, стояли в печальной симметрии около стен, обитых китайскими обоями. На стене висели два портрета, писанные в Париже m-me Lebrun. Один из них изображал мужчину лет сорока, румяного и полного, в светло-зелёном мундире и со звездою; другой — молодую красавицу с орлиным носом, с зачёсанными висками и с розою в пудреных волосах. По всем углам торчали фарфоровые пастушки, столовые часы работы славного Leroy, коробочки, рулетки, веера и разные дамские игрушки, изобретённые в конце минувшего столетия вместе с Монгольфьеровым шаром и Месмеровым магнетизмом. Германн пошёл за ширмы. За ними стояла маленькая желе́зная крова́ть; спра́ва находи́лась дверь, веду́щая в кабине́т; сле́ва, друга́я — в коридо́р. Ге́рманн её отвори́л, уви́дел у́зкую, виту́ю ле́стницу, кото́рая вела́ в ко́мнату бе́дной воспи́танницы... Но он вороти́лся и вошёл в тёмный кабине́т.

Вре́мя шло ме́дленно. Всё бы́ло ти́хо. В гости́ной проби́ло двена́дцать; по всем ко́мнатам часы́ одни́ за други́ми прозвони́ли двена́дцать, — всё умо́лкло опя́ть. Ге́рманн стоя́л, прислоня́сь к холо́дной пе́чке. Он был споко́ен; се́рдце его́ би́лось ро́вно, как у челове́ка, реши́вшегося на что́-нибудь опа́сное, но необходи́мое. Часы́ проби́ли пе́рвый и второ́й час утра́, — и он услы́шал да́льний стук каре́ты. Нево́льное волне́ние овладе́ло им. Каре́та подъе́хала и останови́лась. Он услы́шал стук опуска́емой подно́жки²³. В до́ме засуети́лись²⁴. Лю́ди побежа́ли, разда́лись голоса́, и дом освети́лся. В спа́льню вбежа́ли три ста́рые го́рничные, и графи́ня, чуть жива́я, вошла́ и опусти́лась в вольте́ровы кре́сла. Ге́рманн гляде́л в щёлку: Лизаве́та Ива́новна прошла́ ми́мо его́. Ге́рманн услы́шал её торопли́вые шаги́ по ступе́ням её ле́стницы. В се́рдце его́ отозвало́сь не́что похо́жее на угрызе́ние со́вести²⁵ и сно́ва умо́лкло. Он окамене́л.

Графи́ня ста́ла раздева́ться пе́ред зе́ркалом. Откололи с неё чепе́ц, укра́шенный ро́зами; сня́ли напу́дренный пари́к с её седо́й и пло́тно остри́женной головы́. Була́вки дождём сы́пались о́коло неё. Жёлтое пла́тье, ши́тое серебро́м, упа́ло к её распу́хлым нога́м. Ге́рманн был свиде́телем отврати́тельных та́инств её туале́та; наконе́ц графи́ня оста́лась в спа́льной ко́фте и ночно́м чепце́: в э́том наря́де, бо́лее сво́йственном её ста́рости, она́ каза́лась ме́нее ужа́сна и безобра́зна.

Как и все ста́рые лю́ди вообще́, графи́ня страда́ла бессо́нницею. Разде́вшись, она́ се́ла у окна́ в вольте́ровы кре́сла и отосла́ла го́рничных. Све́чи вы́несли, ко́мната опя́ть освети́лась одно́ю лампа́дою. Графи́ня сиде́ла вся жёлтая, шевеля́ отви́слыми губа́ми, кача́ясь напра́во и нале́во. В му́тных глаза́х её изобража́лось соверше́нное отсу́тствие мы́сли; смотря́ на неё, мо́жно бы́ло бы поду́мать, что кача́ние стра́шной стару́хи происходи́ло не от её во́ли, но по де́йствию скры́того гальвани́зма²⁶.

Вдруг э́то мёртвое лицо́ измени́лось неизъясни́мо. Гу́бы переста́ли шевели́ться, глаза́ оживи́лись: пе́ред графи́нею стоя́л незнако́мый мужчи́на.

— Не пуга́йтесь, ра́ди бо́га, не пуга́йтесь! — сказа́л он вня́тным и ти́хим го́лосом. — Я не име́ю наме́рения вреди́ть вам; я пришёл умоля́ть вас об одно́й ми́лости.

Стару́ха мо́лча смотре́ла на него́ и, каза́лось, его́ не слыха́ла. Ге́рманн вообрази́л, что она́ глуха́, и, наклоня́сь над са́мым её у́хом, повтори́л ей то же са́мое. Стару́ха молча́ла по-пре́жнему.

— Вы мо́жете, — продолжа́л Ге́рманн, — соста́вить сча́стие мое́й жи́зни, и оно́ ничего́ не бу́дет вам сто́ить: я зна́ю, что вы мо́жете угада́ть три ка́рты сря́ду...

Гéрманн остановился. Графиня, казáлось, понялá, чегó от неё трéбовали; казáлось, онá искáла слов для своегó отвéта.

— Это былá шýтка, — сказáла онá наконéц, — клянýсь вам! э́то былá шýтка!

— Этим нéчего шутить, — возразил сердито Гéрманн. — Вспóмните Чаплицкого, котóрому помогли вы отыгрáться.

Графиня видимо смутилась. Чертý её изобразили сильное движéние души, но онá скóро впáла в прéжнюю бесчýвственность.

— Мóжете ли вы, — продолжáл Гéрманн, — назнáчить мне э́ти три вéрные кáрты[27]?

Графиня молчáла, Гéрманн продолжáл:

— Для когó вам берéчь вáшу тáйну? Для внýков? Они богáты и без того; они же не знáют и цены деньгáм. Мóту не помóгут вáши три кáрты. Кто не умéет берéчь отцóвское наслéдство, тот всё-таки умрёт в нищетé, несмотря ни на какие дéмонские усилия. Я не мот; я знáю цéну деньгáм[28]. Вáши три кáрты для меня́ не пропадýт. Ну!..

Он остановился и с трéпетом ожидáл её отвéта. Графиня молчáла; Гéрманн стал на колéни.

— Если когдá-нибудь, — сказáл он, — сéрдце вáше знáло чýвство любви, éсли вы пóмните её востóрги, éсли вы хоть раз улыбнýлись при плáче новорождённого сы́на, éсли что-нибудь человéческое билось когдá-нибудь в груди вáшей, то умоля́ю вас чýвствами супрýги, любóвницы, мáтери, — всем, что ни есть святóго в жизни, — не откажи́те мне в моéй прóсьбе! — открóйте мне вáшу тáйну! — что вам в ней?.. Мóжет быть, онá сопряженá с ужáсным грехóм[29], с пáгубою вéчного блажéнства, с дья́вольским договóром... Подýмайте: вы стары́; жить вам уж недóлго, — я готóв взять грех ваш на свою́ дýшу. Открóйте мне тóлько вáшу тáйну. Подýмайте, что счáстие человéка нахóдится в вáших рукáх; что не тóлько я, но дéти мои, внýки и прáвнуки благословя́т вáшу пáмять и бýдут её чтить, как святы́ню...

Старýха не отвечáла ни слóва.

Гéрманн встал.

— Стáрая вéдьма! — сказáл он, стиснув зýбы, — так я ж застáвлю тебя́ отвечáть...

С э́тим слóвом он вы́нул из кармáна пистолéт. При ви́де пистолéта графиня во вторóй раз оказáла сильное чýвство. Онá закивáла головóю и подняла́

Германн в спальне графини. А.Н. Бенуа

рýку, как бы заслоня́ясь от вы́стрела... Потóм покати́лась нáвзничь... и остáлась недвижи́ма.

— Перестáньте ребя́читься[30], — сказáл Гéрманн, взяв её рýку. — Спрáшиваю в послéдний раз: хоти́те ли назнáчить мне вáши три кáрты? — да и́ли нет?

Графиня не отвечáла. Гéрманн уви́дел, что онá умерлá.

Часть IV

7 Mai 18**.
Homme sans mœurs et sans religion!*
Переписка

Лизаве́та Ива́новна сиде́ла в свое́й ко́мнате, ещё в ба́льном своём наря́де, погружённая в глубо́кие размышле́ния¹. Прие́хав домо́й, она́ спеши́ла отосла́ть за́спанную де́вку², нехотя предлага́вшую ей свою́ услу́гу, — сказа́ла, что разде́нется сама́, и с тре́петом вошла́ к себе́, наде́ясь найти́ там Ге́рманна и жела́я не найти́ его́. С пе́рвого взгля́да она́ удостове́рилась в его́ отсу́тствии³ и благодари́ла судьбу́ за препя́тствие, помеша́вшее их свида́нию. Она́ се́ла, не раздева́ясь, и ста́ла припомина́ть все обстоя́тельства, в тако́е коро́ткое вре́мя и так далеко́ её завле́кшие. Не прошло́ трёх неде́ль с той поры́, как она́ в пе́рвый раз уви́дела в око́шко молодо́го челове́ка, — и уже́ она́ была́ с ним в перепи́ске, — и он успе́л вы́требовать от неё ночно́е свида́ние! Она́ зна́ла и́мя его́ потому́ то́лько, что не́которые из его́ пи́сем бы́ли им подпи́саны; никогда́ с ним не говори́ла, не слыха́ла его́ го́лоса, никогда́ о нём не слыха́ла... до са́мого сего́ ве́чера⁴. Стра́нное де́ло! В са́мый тот ве́чер, на ба́ле, То́мский, ду́ясь на молоду́ю княжну́⁵ Поли́ну ***, кото́рая, про́тив обыкнове́ния, коке́тничала не с ним, жела́л отомсти́ть, ока́зывая равноду́шие⁶: он позва́л Лизаве́ту Ива́новну и танцева́л с не́ю бесконе́чную мазу́рку. Во всё вре́мя шути́л он над её пристра́стием к инжене́рным офице́рам, уверя́л, что он зна́ет гора́здо бо́лее, не́жели мо́жно бы́ло ей предполага́ть, и не́которые из его́ шу́ток бы́ли так уда́чно напра́влены, что Лизаве́та Ива́новна ду́мала не́сколько раз, что её та́йна была́ ему́ изве́стна.

— От кого́ вы всё э́то зна́ете? — спроси́ла она́ смея́сь.

— От прия́теля изве́стной вам осо́бы⁷, — отвеча́л То́мский, — челове́ка о́чень замеча́тельного!

— Кто ж э́тот замеча́тельный челове́к?

— Его́ зову́т Ге́рманном.

Лизаве́та Ива́новна не отвеча́ла ничего́, но её ру́ки и но́ги поледене́ли...

— Этот Ге́рманн, — продолжа́л То́мский, — лицо́ и́стинно романи́ческое: у него́ про́филь Наполео́на, а душа́ Мефисто́феля. Я ду́маю, что на его́ со́вести по кра́йней ме́ре три злоде́йства. Как вы побледне́ли!..

— У меня́ голова́ боли́т... Что же говори́л вам Ге́рманн, — и́ли как бишь его́⁸?..

— Ге́рманн о́чень недово́лен свои́м прия́телем: он говори́т, что на его́ ме́сте он поступи́л бы совсе́м ина́че... Я да́же полага́ю, что Ге́рманн сам име́ет на вас ви́ды⁹, по кра́йней ме́ре он о́чень неравноду́шно слу́шает влюблённые восклица́ния своего́ прия́теля.

— Да где ж он меня́ ви́дел?

---

*   7 Mai 18**. Homme sans mœurs et sans religion! — 7 ма́я 18**. Челове́к, у кото́рого нет никаки́х нра́вственных пра́вил и ничего́ свято́го! (*франц.*).

А.С. ПУШКИН

— В це́ркви, мо́жет быть, — на гуля́нье!.. Бог его́ зна́ет! мо́жет быть, в ва́шей ко́мнате, во вре́мя ва́шего сна: от него́ ста́нет[10]...

Подоше́дшие к ним три да́мы с вопро́сами — oubli ou regret?* — прерва́ли разгово́р, кото́рый станови́лся мучи́тельно любопы́тен для Лизаве́ты Ива́новны.

Да́ма, вы́бранная То́мским, была́ сама́ княжна́ ***. Она́ успе́ла с ним изъ-ясни́ться, обежа́в ли́шний круг и ли́шний раз поверте́вшись пе́ред свои́м сту́лом. То́мский, возвратя́сь на своё ме́сто, уже́ не ду́мал ни о Ге́рманне, ни о Лизаве́те Ива́новне. Она́ непреме́нно хоте́ла возобнови́ть пре́рванный разгово́р; но мазу́рка ко́нчилась, и вско́ре по́сле ста́рая графи́ня уе́хала.

Слова́ То́мского бы́ли не что ино́е, как мазу́рочная болтовня́[11], но они́ глубо́ко́ зарони́лись в ду́шу молодо́й мечта́тельницы[12]. Портре́т, набро́санный То́мским, схо́дствовал с изображе́нием, соста́вленным е́ю само́ю, и, благодаря́ нове́йшим рома́нам, э́то уже́ по́шлое лицо́ пуга́ло и пленя́ло её воображе́ние. Она́ сиде́ла, сложа́ кресто́м го́лые ру́ки, наклони́в на откры́тую грудь го́лову, ещё у́бранную цвета́ми... Вдруг дверь отвори́лась, и Ге́рманн вошёл. Она́ затрепета́ла...

— Где же вы бы́ли? — спроси́ла она́ испу́ганным шёпотом.

— В спа́льне у ста́рой графи́ни, — отвеча́л Ге́рманн, — я сейча́с от неё. Графи́ня умерла́.

— Бо́же мой!.. что вы говори́те?..

— И ка́жется, — продолжа́л Ге́рманн, — я причи́ною её сме́рти.

Лизаве́та Ива́новна взгляну́ла на него́, и слова́ То́мского раздали́сь в её душе́: *у э́того челове́ка по кра́йней ме́ре три злоде́йства на душе́!* Ге́рманн сел на око́шко по́дле неё и всё рассказа́л.

Лизаве́та Ива́новна вы́слушала его́ с у́жасом. Ита́к, э́ти стра́стные пи́сьма, э́ти пла́менные тре́бования, э́то де́рзкое, упо́рное пресле́дование, всё э́то бы́ло не любо́вь! Де́ньги, — вот чего́ алка́ла его́ душа́[13]! Не она́ могла́ утоли́ть его́ жела́ния и осчастли́вить его́! Бе́дная воспи́танница была́ не что ино́е, как слепа́я помо́щница разбо́йника, уби́йцы ста́рой её благоде́тельницы!.. Го́рько запла́кала она́ в по́зднем, мучи́тельном своём раска́янии. Ге́рманн смотре́л на неё мо́лча: се́рдце его́ та́кже терза́лось[14], но ни слёзы бе́дной де́вушки, ни удиви́тельная пре́лесть её го́рести не трево́жили суро́вой души́ его́. Он не чу́вствовал угрызе́ния со́вести при мы́сли о мёртвой стару́хе. Одно́ его́ ужаса́ло: невозвра́тная поте́ря та́йны, от кото́рой ожида́л обогаще́ния.

— Вы чудо́вище! — сказа́ла наконе́ц Лизаве́та Ива́новна.

— Я не хоте́л её сме́рти, — отвеча́л Ге́рманн,— пистоле́т мой не заря́жен[15].

Они́ замолча́ли.

Утро наступа́ло. Лизаве́та Ива́новна погаси́ла догора́ющую свечу́: бле́дный свет озари́л её ко́мнату. Она́ отёрла запла́канные глаза́ и подняла́ их на Гер-

---

* *Oubli ou regret?* — забве́ние и́ли сожале́ние? (*франц.*) Да́мы зара́нее усло́вливаются, како́е сло́во принадлежи́т како́й да́ме; кавале́р, вы́бравший сло́во, до́лжен танцева́ть с да́мой, кото́рой оно́ присво́ено.

манна: он сиде́л на око́шке, сложа́ ру́ки и гро́зно нахму́рясь. В э́том положе́нии удиви́тельно напомина́л он портре́т Наполео́на. Это схо́дство порази́ло да́же Лизаве́ту Ива́новну.

— Как вам вы́йти из до́му? — сказа́ла наконе́ц Лизаве́та Ива́новна. — Я ду́мала провести́ вас по потаённой ле́стнице, но на́добно идти́ ми́мо спа́льни, а я бою́сь.

— Расскажи́те мне, как найти́ э́ту потаённую ле́стницу; я вы́йду.

Лизаве́та Ива́новна вста́ла, вы́нула из комо́да ключ, вручи́ла его́ Ге́рманну и дала́ ему́ подро́бное наставле́ние. Ге́рманн пожа́л её холо́дную, безотве́тную ру́ку, поцелова́л её наклонённую го́лову и вы́шел.

Он спусти́лся вниз по вито́й ле́стнице и вошёл опя́ть в спа́льню графи́ни. Мёртвая стару́ха сиде́ла окамене́в; лицо́ её выража́ло глубо́кое споко́йствие. Ге́рманн останови́лся пе́ред не́ю, до́лго смотре́л на неё, как бы жела́я удостове́риться в ужа́сной и́стине; наконе́ц вошёл в кабине́т, ощу́пал за обо́ями дверь и стал сходи́ть по тёмной ле́стнице, волну́емый стра́нными чу́вствованиями. По э́той са́мой ле́стнице, ду́мал он, мо́жет быть, лет шестьдеся́т наза́д, в э́ту са́мую спа́льню, в тако́й же час, в ши́том кафта́не, причёсанный à l'oiseau royal*, прижима́я к се́рдцу треуго́льную свою́ шля́пу, прокра́дывался молодо́й счастли́вец, давно́ уже́ истле́вший в моги́ле, а се́рдце престаре́лой его́ любо́вницы сего́дня переста́ло би́ться…

Под ле́стницею Ге́рманн нашёл дверь, кото́рую о́тпер тем же ключо́м, и очути́лся в сквозно́м коридо́ре, вы́ведшем его́ на у́лицу.

Часть V

В э́ту ночь яви́лась ко мне поко́йница бароне́сса фон В***. Она́ была́ вся в бе́лом и сказа́ла мне: «Здра́вствуйте, господи́н сове́тник!»

Шве́денборг

Три дня по́сле роково́й но́чи[1], в де́вять часо́в утра́, Ге́рманн отпра́вился в *** монасты́рь, где должны́ бы́ли отпева́ть те́ло усо́пшей графи́ни[2]. Не чу́вствуя раска́яния[3], он не мог, одна́ко, соверше́нно заглуши́ть го́лос со́вести, тверди́вшей ему́[4]: ты убийца стару́хи! Име́я ма́ло и́стинной ве́ры, он име́л мно́жество предрассу́дков. Он ве́рил, что мёртвая графи́ня могла́ име́ть вре́дное влия́ние на его́ жизнь, — и реши́лся яви́ться на её по́хороны, что́бы испроси́ть у ней проще́ния[5].

Це́рковь была́ полна́. Ге́рманн наси́лу мог пробра́ться[6] сквозь толпу́ наро́да. Гроб стоя́л на бога́том катафа́лке под ба́рхатным балдахи́ном. Усо́пшая лежа́ла в нём с рука́ми, сло́женными на груди́, в кружевно́м чепце́ и в бе́лом атла́сном пла́тье. Круго́м стоя́ли её дома́шние: слу́ги в чёрных кафта́нах с ге́рбовыми ле́нтами на плече́ и со свеча́ми в рука́х; ро́дственники в глу-

---

* A l'oiseau royal — короле́вской пти́цей (журавлём) (*франц.*).

А.С. ПУШКИН

боком трауре, — дети, внуки и правнуки. Никто не плакал; слёзы были бы — une affectation*. Графиня так была стара, что смерть её никого не могла поразить и что её родственники давно смотрели на неё, как на отжившую. Молодой архиерей произнёс надгробное слово. В простых и трогательных выражениях представил он мирное успение праведницы[7], которой долгие годы были тихим, умилительным приготовлением к христианской кончине. «Ангел смерти обрёл её, — сказал оратор, — бодрствующую в помышлениях благих и в ожидании жениха полунощного». Служба совершилась с печальным приличием. Родственники первые пошли прощаться с телом. Потом двинулись и многочисленные гости, приехавшие поклониться той, которая так давно была участницею в их суетных увеселениях. После них и все домашние. Наконец приблизилась старая барская барыня, ровесница покойницы. Две молодые девушки вели её под руки. Она не в силах была поклониться до земли, — и одна пролила несколько слёз, поцеловав холодную руку госпожи своей. После неё Германн решился подойти ко гробу. Он поклонился в землю и несколько минут лежал на холодном полу, усыпанном ельником. Наконец приподнялся, бледен как сама покойница, взошёл на ступени катафалка и наклонился... В эту минуту показалось ему, что мёртвая насмешливо взглянула на него, прищуривая одним глазом. Германн, поспешно подавшись назад, оступился и навзничь грянулся об земь[8]. Его подняли. В то же самое время Лизавету Ивановну вынесли в обмороке на паперть. Этот эпизод возмутил на несколько минут[9] торжественность мрачного обряда. Между посетителями поднялся глухой ропот, а худощавый камергер, близкий родственник покойницы, шепнул на ухо стоящему подле него англичанину, что молодой офицер её побочный сын, на что англичанин отвечал холодно: Oh?

Целый день Германн был чрезвычайно расстроен. Обедая в уединённом трактире, он, против обыкновения своего, пил очень много, в надежде заглушить внутреннее волнение. Но вино ещё более горячило его воображение. Возвратясь домой, он бросился, не раздеваясь, на кровать и крепко заснул.

Он проснулся уже ночью: луна озаряла его комнату. Он взглянул на часы: было без четверти три. Сон у него прошёл; он сел на кровать и думал о похоронах старой графини.

В это время кто-то с улицы взглянул к нему в окошко, — и тотчас[10] отошёл. Германн не обратил на то никакого внимания. Чрез минуту услышал он, что отпирали дверь в передней комнате. Германн думал, что денщик[11] его, пьяный по своему обыкновению, возвращался с ночной прогулки. Но он услышал незнакомую походку: кто-то ходил, тихо шаркая туфлями. Дверь отворилась, вошла женщина в белом платье. Германн принял её за свою старую кормилицу и удивился, что могло привести её в такую пору. Но белая женщина, скользнув, очутилась вдруг перед ним, — и Германн узнал графиню!

---

* une affectation — притворством (*франц.*)

— Я пришла́ к тебе́ про́тив свое́й во́ли, — сказа́ла она́ твёрдым го́лосом, — но мне ве́лено испо́лнить твою́ про́сьбу. Тро́йка, семёрка и туз вы́играют тебе́ сря́ду, но с тем, чтобы ты в су́тки бо́лее одно́й ка́рты не ста́вил и чтоб во всю жизнь уже́ по́сле не игра́л. Проща́ю тебе́ мою́ смерть, с тем, чтоб ты жени́лся на мое́й воспи́таннице Лизаве́те Ива́новне...

С э́тим сло́вом она́ ти́хо поверну́лась, пошла́ к дверя́м и скры́лась, ша́ркая ту́флями. Ге́рманн слы́шал, как хло́пнула дверь в сеня́х, и уви́дел, что кто́-то опя́ть погляде́л к нему́ в око́шко.

Ге́рманн до́лго не мог опо́мниться. Он вы́шел в другу́ю ко́мнату. Денщи́к его́ спал на полу́; Ге́рманн наси́лу его́ добуди́лся. Денщи́к был пьян по обыкнове́нию: от него́ нельзя́ бы́ло доби́ться никако́го то́лку[12]. Дверь в се́ни была́ за́перта́. Ге́рманн возврати́лся в свою́ ко́мнату, засвети́л све́чку и записа́л своё виде́ние[13].

Часть VI

*— Атанде́!**
— Как вы сме́ли мне сказа́ть атанде́?
— Ва́ше превосходи́тельство, я сказа́л атанде́-с!

Две неподви́жные иде́и не мо́гут вме́сте существова́ть в нра́вственной приро́де, так же, как два те́ла не мо́гут в физи́ческом ми́ре занима́ть одно́ и то же ме́сто. Тро́йка, семёрка, туз — ско́ро заслони́ли в воображе́нии Ге́рманна о́браз мёртвой стару́хи. Тро́йка, семёрка, туз — не выходи́ли из его́ головы́ и шевели́лись на его́ губа́х. Уви́дев молоду́ю де́вушку, он говори́л: «Как она́ стройна́!.. Настоя́щая тро́йка черво́нная». У него́ спра́шивали: «кото́рый час», он отвеча́л: «без пяти́ мину́т семёрка». Вся́кий пуза́стый мужчи́на напомина́л ему́ туза́. Тро́йка, семёрка, туз — пресле́довали его́ во сне, принима́я все возмо́жные ви́ды: тро́йка цвела́ пе́ред ним в о́бразе пы́шного грандифло́ра, семёрка представля́лась готи́ческими воро́тами, туз огро́мным пауко́м. Все мы́сли его́ слили́сь в одну́, — воспо́льзоваться та́йной, кото́рая до́рого ему́ сто́ила. Он стал ду́мать об отста́вке и о путеше́ствии. Он хоте́л в откры́тых игре́цких дома́х Пари́жа вы́нудить клад у очаро́ванной форту́ны. Слу́чай изба́вил его́ от хлопо́т.

В Москве́ соста́вилось о́бщество бога́тых игроко́в, под председа́тельством сла́вного Чекали́нского, прове́дшего весь век за ка́ртами и нажи́вшего не́когда миллио́ны, выи́грывая векселя́ и прои́грывая чи́стые де́ньги. Долговре́менная о́пытность заслужи́ла ему́ дове́ренность това́рищей, а откры́тый дом, сла́вный по́вар, ла́сковость и весёлость приобрели́ уваже́ние пу́блики. Он прие́хал в Петербу́рг. Молодёжь к нему́ нахлы́нула[1], забыва́я балы́ для карт и

---

* Атанде́ (*франц.* attendez) — ка́рточный те́рмин, в значе́нии «не де́лайте ста́вки».

А.С. ПУШКИН

предпочита́я собла́зны фарао́на обольще́ниям волоки́тства. Нару́мов привёз к нему́ Ге́рманна.

Они́ прошли́ ряд великоле́пных ко́мнат, напо́лненных учти́выми официа́нтами. Не́сколько генера́лов и та́йных сове́тников игра́ли в вист; молоды́е лю́ди сиде́ли, разваля́сь на што́фных дива́нах, е́ли моро́женое и кури́ли тру́бки. В гости́ной за дли́нным столо́м, о́коло кото́рого тесни́лось челове́к два́дцать² игроко́в, сиде́л хозя́ин и мета́л банк. Он был челове́к лет шести́десяти, са́мой почте́нной нару́жности; голова́ покры́та была́ сере́бряной седино́ю; по́лное и све́жее лицо́ изобража́ло доброду́шие; глаза́ блиста́ли, оживлённые всегда́шнею улы́бкою. Нару́мов предста́вил ему́ Ге́рманна. Чекали́нский дру́жески пожа́л ему́ ру́ку, проси́л не церемо́ниться³ и продолжа́л мета́ть.

Та́лья* дли́лась до́лго. На столе́ стоя́ло бо́лее тридцати́ карт.

Чекали́нский остана́вливался по́сле ка́ждой проки́дки, что́бы дать игра́ющим вре́мя распоряди́ться, запи́сывал про́игрыш, учти́во вслу́шивался в их тре́бования, ещё учти́вее отгиба́л ли́шний у́гол, загиба́емый рассе́янною руко́ю. Наконе́ц та́лья ко́нчилась. Чекали́нский стасова́л ка́рты и пригото́вился мета́ть другу́ю.

— Позво́льте поста́вить ка́рту, — сказа́л Ге́рманн, протя́гивая ру́ку из-за то́лстого господи́на, тут же понти́ровавшего. Чекали́нский улыбну́лся и поклони́лся, мо́лча, в знак поко́рного согла́сия. Нару́мов, смея́сь, поздра́вил Ге́рманна с разреше́нием долговре́менного поста́ и пожела́л ему́ счастли́вого нача́ла.

— Идёт! — сказа́л Ге́рманн, надписа́в ме́лом куш над свое́ю ка́ртою.

— Ско́лько-с? — спроси́л, прищу́риваясь, банкомёт, — извини́те-с, я не разгляжу́.

— Со́рок семь ты́сяч, — отвеча́л Ге́рманн.

При э́тих слова́х все го́ловы обрати́лись мгнове́нно, и все глаза́ устреми́лись на Ге́рманна. «Он с ума́ сошёл!» — поду́мал Нару́мов.

— Позво́льте заме́тить вам, — сказа́л Чекали́нский с неизме́нной свое́ю улы́бкою, — что игра́ ва́ша сильна́: никто́ бо́лее двухсо́т семи́десяти пяти́ сёмпелем здесь ещё не ста́вил.

— Что ж? — возрази́л Ге́рманн, — бьёте вы мою́ ка́рту и́ли нет?

Чекали́нский поклони́лся с ви́дом того́ же смире́нного согла́сия.

— Я хоте́л то́лько вам доложи́ть, — сказа́л он, — что, бу́дучи удосто́ен дове́ренности това́рищей, я не могу́ мета́ть ина́че, как на чи́стые де́ньги. С мое́й стороны́ я, коне́чно, уве́рен, что дово́льно ва́шего сло́ва, но для поря́дка игры́ и счето́в прошу́ вас поста́вить де́ньги на ка́рту.

Ге́рманн вы́нул из карма́на ба́нковый биле́т и пода́л его́ Чекали́нскому, кото́рый, бе́гло посмотре́в его́, положи́л на Ге́рманнову ка́рту.

---

* **Та́лья** — 1) две коло́ды карт; 2) круг игры́ до оконча́ния коло́ды у банкомёта или до срыва банка.

Он стал мета́ть. Напра́во легла́ девя́тка, нале́во тро́йка.

— Вы́играла! — сказа́л Ге́рманн, пока́зывая свою́ ка́рту.

Ме́жду игрока́ми подня́лся шёпот. Чекали́нский нахму́рился, но улы́бка то́тчас возврати́лась на его́ лицо́.

— Изво́лите получи́ть? — спроси́л он Ге́рманна.

— Сде́лайте одолже́ние.

Чекали́нский вы́нул из карма́на не́сколько ба́нковых биле́тов и то́тчас расчёлся. Ге́рманн при́нял свои́ де́ньги и отошёл от стола́. Нару́мов не мог опо́мниться. Ге́рманн вы́пил стака́н лимона́ду и отпра́вился домо́й.

На друго́й день ве́чером он опя́ть яви́лся у Чекали́нского. Хозя́ин мета́л. Ге́рманн подошёл к столу́; понтёры то́тчас да́ли ему́ ме́сто, Чекали́нский ла́сково ему́ поклони́лся.

Ге́рманн дожда́лся но́вой та́льи, поста́вил ка́рту, положи́в на неё свои́ со́рок семь ты́сяч и вчера́шний вы́игрыш.

Чекали́нский стал мета́ть. Вале́т вы́пал напра́во, семёрка нале́во.

Ге́рманн откры́л семёрку.

Все а́хнули[4]. Чекали́нский ви́димо смути́лся. Он отсчита́л девяно́ста четы́ре ты́сячи и переда́л Ге́рманну. Ге́рманн при́нял их с хладнокро́вием и в ту же мину́ту удали́лся.

В сле́дующий ве́чер Ге́рманн яви́лся опя́ть у стола́. Все его́ ожида́ли. Генера́лы и та́йные сове́тники оста́вили свой вист, чтоб ви́деть игру́, столь необыкнове́нную. Молоды́е офице́ры соскочи́ли с дива́нов; все официа́нты собрали́сь в гости́ной. Все обступи́ли Ге́рманна. Про́чие игроки́ не поста́вили свои́х карт, с нетерпе́нием ожида́я, чем он ко́нчит. Ге́рманн стоя́л у стола́, гото́вясь оди́н понти́ровать про́тиву бле́дного, но всё улыба́ющегося Чекали́нского. Ка́ждый распеча́тал коло́ду карт. Чекали́нский стасова́л. Ге́рманн снял и поста́вил свою́ ка́рту, покры́в её ки́пой ба́нковых биле́тов. Это похо́же бы́ло на поеди́нок. Глубо́кое молча́ние ца́рствовало круго́м.

Чекали́нский стал мета́ть, ру́ки его́ трясли́сь. Напра́во легла́ да́ма, нале́во туз.

— Туз вы́играл! — сказа́л Ге́рманн и откры́л свою́ ка́рту.

— Да́ма ва́ша уби́та, — сказа́л ла́сково Чекали́нский.

Ге́рманн вздро́гнул: в са́мом де́ле, вме́сто туза́ у него́ стоя́ла пи́ковая да́ма. Он не ве́рил свои́м глаза́м, не понима́я, как мог он обдёрнуться[5].

В э́ту мину́ту ему́ показа́лось, что пи́ковая да́ма прищу́рилась и усмехну́лась. Необыкнове́нное схо́дство порази́ло его́...

— Стару́ха! — закрича́л он в у́жасе.

Чекали́нский потяну́л к себе́ прои́гранные биле́ты. Ге́рманн стоя́л неподви́жно. Когда́ отошёл он от стола́, подня́лся шу́мный го́вор. — Сла́вно спонти́ровал! — говори́ли игроки́. — Чекали́нский сно́ва стасова́л ка́рты: игра́ пошла́ свои́м чередо́м.

ЗАКЛЮЧЕНИЕ

Ге́рманн сошёл с ума́. Он сиди́т в Обуховской больни́це в 17-м ну́мере, не отвеча́ет ни на каки́е вопро́сы и бормо́чет необыкнове́нно ско́ро: «Тро́йка, семёрка, туз! Тро́йка, семёрка, да́ма!..»

Лизаве́та Ива́новна вы́шла за́муж за о́чень любе́зного молодо́го челове́ка; он где́-то слу́жит и име́ет поря́дочное состоя́ние: он сын бы́вшего управи́теля у ста́рой графи́ни. У Лизаве́ты Ива́новны воспи́тывается бе́дная ро́дственница.

То́мский произведён в ротми́стры и же́нится на княжне́ Поли́не.

1833 год

По́весть напи́сана о́сенью 1833 года в Бо́лдине. Впервы́е напеча́тана в журна́ле «Библиоте́ка для чте́ния», 1834 год, т. II.

Прототи́пом стару́хи графи́ни яви́лась княги́ня Голи́цына. Её внук расска́зывал Пу́шкину, что раз он проигра́лся и пришёл к ба́бке проси́ть де́нег. Де́нег она́ не дала́, а сказа́ла три ка́рты, назна́ченные ей в Пари́же Сен-Жерме́ном. «Попро́буй», — сказа́ла ба́бушка. Вну́чек поста́вил ка́рты и отыгра́лся. Дальне́йшее разви́тие собы́тий вы́мышлено.

О КАРТАХ

Карты имеют четыре **масти:**

Чёрные

Красные

пи́ки	**тре́фы**	**че́рви**	**бу́бны**
(вини)	(крести)	(червы)	(буби)

(прилагательные: пи́ковый, трефо́вый, черво́нный, бубно́вый)

Четыре **фигу́ры**

Туз	**Коро́ль**	**Да́ма**	**Вале́т**

Другие карты: тройка, шестёрка, семёрка, девятка и так далее.

Коло́да — набор карт.

Полная колода — 52 карты.

Уменьшенная колода — 36 или 32 карты.

В некоторых случаях, когда число участников велико, а игра отличается сложными правилами, используется несколько полных колод, например, шесть колод в игре баккара.

Де́йствия с колодой:
    тасова́ть колоду (карты)
    раздава́ть / раздать карты

В карты **игра́ют**.
    Играют *на что*: на деньги, на конфеты
    Результат игры: **про́игрыш** ≠ **вы́игрыш**
проигрывать / проиграть ≠ выигрывать / выиграть

Если **проигра́ли**, то можно попробовать **отыгра́ться**: выиграть несколько раз и таким образом **аннули́ровать** долг (то, что сделала графиня — бабушка Томского, поставив на три «волшебные» карты Сен-Жермена).

Игра Германна

Игра, погубившая Германна, называлась **фараон** или **штосс**.

Фараон — это азартная игра на деньги. В ней участвуют колоды из 52 карт. Самая низшая карта начинается с двойки, а увенчивает колоду туз.

Игроки разделяются на две категории — **банкомёты** (те, кто сдаёт карты) и **понтёры**. У каждого из них своя колода карт.

Понтёр выбирает из своей колоды наудачу какую-либо карту любой масти, например *даму*. Выбранную карту игрок кладёт перед собой на стол «рубашкой» вверх и пишет мелом на сукне карточного стола ту сумму, которую хочет поставить против банкомёта, или просто накладывает на карту деньги. Эта сумма называется **кушем**. Согласившись с назначенным **кушем**, банкомёт из своей колоды начинает раскладывать перед собой карты лицом вверх на две кучки: первую карту кладёт направо, вторую — налево, затем снова направо и опять налево до тех пор, пока не выпадет нужная карта — *дама*.

Правая стопка карт у правой руки банкомёта считается стороной банкомёта, а левая — стороной игрока. Если *дама* выпала направо и оказалась в стопке карт банкомёта, то выигрывает банкомёт и забирает себе деньги игрока. Если же *дама* выпадает налево, то выигрыш достаётся игроку и банкомёт отсчитывает ему свой проигрыш.

Первый куш Германа составил 47 000 рублей. Он поставил эту сумму на тройку и выиграл соника. Во второй вечер он поставил удвоенный капитал — 94 000 рублей на семёрку и снова выиграл соника. В третий вечер он поставил на туза уже 188 000. В случае выигрыша он унёс бы с собой 376 000.

Выиграть **соника** — значит выиграть на первой же карте, которую положит влево, на сторону игрока, банкомёт. Так и молодая графиня с подсказки Сен-Жермена обыграла герцога невероятно быстро все три раза подряд.

ГРАФ СЕН-ЖЕРМЕН

Легенда о пиковой даме связана с именем графа Сен-Жермена.

Граф Сен-Жермен прославился как самый загадочный авантюрист восемнадцатого века. Его происхождение и источник богатств остаются тайной. Он занимался алхимией и выдавал себя за вечного жида, утверждая, что живёт на земле несколько тысяч лет. Правда, некоторые современники писали, что он служил сразу в разведках нескольких стран и именно они предоставляли ему деньги для путешествий по Европе.

Предполагают, что Сен-Жермен родился в Португалии. Оказавшись в Париже, он сумел приобрести расположение фаворитки короля, мадам Помпадур, и самого Людовика XV. Несколько лет Сен-Жермен находился в центре внимания парижского общества. Он распространял слухи о том, что обладает философским камнем, умеет превращать железо в золото и знает способ изготовления жизненного эликсира, позволяющего вечно оставаться молодым.

**Граф де Сен-Жермен.
Гравюра работы Н. Тома**

Граф оказался замешанным в придворные интриги, и ему пришлось бежать из Франции. Он побывал в Англии, Голландии, Италии и перебрался в Россию. В России Сен-Жермен участвовал в подготовке государственного переворота, после которого на русский трон взошла Екатерина II.

Последние годы жизни бессмертного обладателя тайны жизненного эликсира и вечной молодости прошли в Германии при дворе ландграфа Карла Гессенского.

А.С. Пушкин в повести «Пиковая дама» рассказал одну из легенд о графе Сен-Жермене. Согласно этой легенде граф знал три заветные карты. Тот, кто в игре поставит эти карты одна за другой, обязательно выиграет. Легенда о заветных картах Сен-Жермена послужила завязкой сюжета повести. Но события, описанные в «Пиковой даме», не совсем вымышлены.

Прототипом старухи графини была мать московского губернатора Наталья Петровна Голицына. Она в самом деле долгое время жила в Париже, увлекалась игрой в карты и встречалась с графом Сен-Жерменом. Внук Голицыной рассказывал Пушкину, что однажды, проиграв большую сумму, он попросил у своей бабки денег, чтобы уплатить карточный долг. Вместо денег Голицына назвала ему три заветные карты — тройка, семёрка, туз. По словам внука, эти карты его бабушке открыл граф Сен-Жермен.

Поставив на эти карты, внук отыгрался, но Голицына запретила ему использовать их в другой раз. Придумал внук Голицыной историю с этим выигрышем или нет, осталось неизвестным.

Пушкин, всю жизнь игравший в карты, несмотря на секрет заветных трёх карт, никогда крупно не выигрывал. Деньги ему принесла только повесть «Пиковая дама», в которой он раскрыл этот секрет для всей читающей публики, заодно обессмертив имя Сен-Жермена.

ЧАСТЬ I

ЗАДАНИЯ

 Ответьте на вопросы.

1. В какое время года и в котором часу происходит разговор у конногвардейца Нарумова?
2. По какому поводу собрались молодые люди у Нарумова?
3. Почему один из гостей указал на Германна? Что отличает Германна от других гостей?
4. Как объясняет Германн своё присутствие у Нарумова?
5. Кто это — Анна Федотовна? Сколько ей лет?
6. Сколько лет было Анне Федотовне, когда она поехала в Париж?
7. С кем она поехала?
8. Как вы понимаете фразу: «…де́душка, ско́лько я по́мню, был род ба́бушкина дворе́цкого»?
9. Как вы думаете, что мог сказать дедушка, когда узнал о проигрыше бабушки? Что ответила ему бабушка в тот вечер? Что она сказала ему на следующее утро?
10. Опишите, как выглядел граф Сен-Жермен. Какая у него репутация?
11. Почему бабушка решила обратиться к нему? Как она «вызвала» его?
12. Почему он не захотел дать ей денег?
13. Как он ей помог?

2 Составьте диалог. В этом диалоге должны быть «озвучены» следующие действия бабушки и дедушки.

Бабушка:

— приказала заплатить
— дала пощёчину и легла спать одна, в знак своей немилости
— в первый раз в жизни дошла с ним до рассуждений и объяснений
— пробовала усовестить дедушку
— снисходительно доказывала, что долг долгу рознь
— не знала, что делать

Дедушка:

— вышел из себя
— доказал, что они издержали полмиллиона, что нет у них ни подмосковной, ни саратовской деревни
— начисто отказался от платежа
— был непоколебимым, бунтовал

 3 Вы — бабушка. К вам приехал граф Сен-Жермен. Что вы ему рассказали? Что он предложил вам?

 4 Вы — граф Сен-Жермен. Вы получили записку от графини Анны Федотовны. Расскажите, о чём вы подумали и что решили делать.

 5 Вы — Чаплицкий. Расскажите, что с вами случилось.

 6 Найдите в тексте синонимы к данным выражениям (в скобках приводятся слова-помощники ☺).

1. Я всегда сохраняю самообладание — .... (горячий).
2. Он никогда не играл в карты — .... (с самого рождения).
3. Не могу понять — .... (пстгнт).
4. Очень сильно бояться — .... (огонь).
5. Потратить — .... (держать).

А.С. Пушкин

6. Категорически отказаться — .... (чисто).
7. Протестовать — .... (бнвт).
8. Обратиться за помощью к кому — .... (прбгнт).
9. Найти *кого* в *каком* состоянии — .... (стать).
10. Я могу дать вам эту сумму — .... (служба / услужливый).
11. Выдуманная история — .... (скзк).
12. Совершенно невозможно / нет / ни при каких обстоятельствах — ....
    .... (чёрт / два).
13. Было бы неплохо — .... (худой).
14. Растратить всё — .... (мотать).
15. Пожалеть (*Асс*) — .... (с-ся).

ЧАСТЬ II

ЛЕКСИЧЕСКИЙ КОММЕНТАРИЙ

1. **Убóрная** — комната, где дамы одевались и приводили себя в порядок

2. **Румя́на** — крем, пудра всех оттенков розового цвета; их наносят на щёки, чтобы замаскировать бледность и придать лицу здоровый вид

3. **Чепéц** (*устар.*) — дамский головной убор

4. **Пя́льцы** — рамка для натягивания ткани; используется при вышивании

5. **«...я чай...»** = я думаю
   чай (*разг.*) — форма 1 л. ед. ч. **ча́ю** от глагола «чаять» (*устар.*) — думать, предполагать

6. **Табакéрка** — коробочка для нюхательного табака

7. **«...с гóлосу спáла...»**
   спасть с голосу (*устар.*) — потерять голос, охрипнуть, голос пропал

8. **«что за вздор!»**
   вздор — глупости, ерунда, чепуха

9. **«изо всей мóчи»** — изо всех сил

10. «Что это вас не **докли́чешься**?»
    кли́кать (*устар.*) = звать

11. **Капóт** (*устар.*) — женское верхнее платье

Чепец

12. **Прельща́ть / прельсти́ть** — соблазнить, привлечь

13. «...**смире́нный** ... уголок...»

смире́нный — выражающий покорность, кротость; здесь: тихое, скромное жилище

14. «...**гру́ды черво́нцев**»

гру́да — куча

черво́нец — золотая монета 3,47 граммов, чистого золота в ней было 3,39 граммов

15. **Очути́ться** = оказаться где-то

Табакерка

Червонец

ЗАДАНИЯ

 Ответьте на вопросы.

1. Какие персонажи из первой части появляются в начале второй части?
2. Какие популярные сюжеты современных романов так не нравятся графине?
3. Перечислите все действия Лизы (то, что она делала по приказанию графини). Первая и завершающая фраза перед вами.

   1. Сначала ей было нужно бежать закладывать карету. Потом...

   2. ...

   3. ...

   4. ...

   5. ...

   6. Отложить карету (и — снять капот и шляпку).

4. С каким чувством подумала Лиза: «И вот моя жизнь!»
5. Как Германн появился в жизни Лизы?
6. Как долго Лиза сопротивлялась своему чувству в отношении таинственного незнакомца? Что было сигналом к прекращению сопротивления?

2 **Вы — Лиза. Расскажите о вашей жизни в доме старой графини.**

3 **Вы — Германн. Расскажите о себе (ваше происхождение, принципы, характер, страсти, стремления, расчёты и планы).**

4 **Перенесите ситуацию в XXI век, сохранив неизменными детали повести: вы — следователь. К вам приходит молодая девушка — Лиза. Она в панике: её преследует неизвестный. Задайте ей вопросы (составьте диалог).**

5 **Заполните пропуски подходящими словами. Используйте материал части II (в скобках — слова-помощники ☺).**

1. Если человек по многу раз рассказывает одно и то же, то говорят «он уже рассказывал / рассказал это в .... раз».
2. Германн стоял, ... (устремить) глаза на окно Лизы.
3. Лиза не имела ....(првчк)..........................(кктнчт) с прохожими офицерами.
4. Когда взгляды Лизы и Германна встречались, ... (рмнц) покрывал его щёки: это значит, его щёки становились ....
5. Германн был сыном ....(брсвш / русский) немца. Германн жил очень экономно, не позволял себе ни малейшей .... (хотеть / прхт).
6. Товарищи иногда смеялись над его .... (бржлвст).
7. Три верные карты самого Германна — это .... (считать / рассчитывать / рсчт),..........................(мера / мрнст) и .... (труд / любить).
8. Когда Германн гулял по городу, какая-то .... (непонятная / ведать) сила.......................... (првлкл) его к дому графини.
9. В тот момент у окна сидела Лиза и .... (шить / вшвл).

ЧАСТЬ III

ЛЕКСИЧЕСКИЙ КОММЕНТАРИЙ

1. «...она не могла **опо́мниться** от испугу...»
   опо́мниться — прийти в себя

2. «...**во всю доро́гу**...» — на протяжении всего пути

3. «...**де́лать вопро́сы**...» — задавать вопросы

4. «...**как зову́т** этот мост?» — как называется

5. «...отвечала **наобу́м**...»
   наобу́м — не подумав, не размышляя

6. **«Столбня́к ли на тебя́ нашёл**, что ли?»
   столбня́к — 1) состоянии полной неподвижности (столб) из-за сильного испуга, потрясения; 2) инфекционное заболевание, которое сопровождается сильными судорогами

7. **Карта́вить** — произносить неправильно, нечисто звук [р]

8. **Вы́жить из ума́** — сойти с ума

9. **Прово́рство** = быстрота, расторопность, ловкость в движениях, действиях, поступках

10. **Мамзе́ль** (*прост.*) — mademoiselle

11. «...**из мо́дной ла́вки**» — из магазина модной одежды
    ла́вка — небольшой магазин

12. **Ко́ли** (*устар.*) — если

13. «...**вспы́хнув** от её замечания...»
    вспы́хнуть — здесь: покраснеть

14. «Но Германн **не уня́лся**»
    унима́ться / уня́ться — успокоиться

15. «...**беспоря́док необу́зданного воображе́ния**»
    обу́здывать / обузда́ть — 1) буквально: надеть узду на коня;
    2) (*перен.*) усмирить, успокоить

16. «...она **упива́лась** ими...»
    упива́ться = наслаждаться

17. «...**в сеня́х** останется швейцар»
    се́ни (*устар.*) — помещение между жилой частью дома и крыльцом.

18. «Изредка **тяну́лся ва́нька** на тощей **кля́че** своей, высматривая запоздалого **седока́**»
    тяну́ться — медленно передвигаться
    ва́нька — нарицательное имя для всех извозчиков того времени
    кля́ча — плохая, слабая лошадь
    седо́к — пассажир

19. **Серту́к** (*устар.*) сюртук — длинный мужской пиджак

20. **Киво́т** (*кио́т*) — небольшой застеклённый ящичек или специальный застеклённый шкаф для иконы

21. «...**те́плилась ... лампа́да**»
    те́плиться — слабо, неярко гореть
    лампа́да — масляная лампа, которую зажигают перед иконами

22. «**Полиня́лые што́фные кре́сла...**»
    што́фные кре́сла — кресла, обитые тканью
    полиня́ть — потерять первоначальный яркий цвет

23. «...стук опуска́емой **подно́жки**»
    подно́жка — ступенька у кареты

24. «В доме **засуети́лись**» — здесь: забегали, все начали что-то делать
    суети́ться / засуети́ться

25. **Угрызе́ния со́вести** — чувство стыда и раскаяния

26. «...качание старухи происходило ... по действию скрытого **гальвани́зма**»
    гальвани́зм — здесь: электричество

Сюртук

Лампада

27. «...**назна́чить** мне эти три **ве́рные** карты»

   назна́чить — здесь: назвать

   ве́рные — здесь: точные, правильные

28. «...я знаю **це́ну деньга́м**...»

   знать це́ну деньга́м — относиться к деньгам бережно и экономно

   антоним — **броса́ть де́ньги на ве́тер**

29. «...она **сопряжена́ с** ... грехом»

   сопряжена́ = связана

30. «Перестаньте **ребя́читься**...»

   ребя́читься = вести себя как ребёнок

ЗАДАНИЯ

 Ответьте на вопросы.

1. Каким образом Германн передал Лизе первое письмо?
2. Почему Лиза на прогулке с графиней отвечала на все вопросы наобум и невпопад?
3. Когда Лиза прочитала письмо? О чём было письмо?
4. В чём суть ответного послания Лизы?
5. Был ли этот ответ для Германна неожиданностью?
6. Каким способом Германн посылает второе письмо?
7. Лиза просит, чтобы «быстроглазая мамзель» передала Германну, «что ему должно быть стыдно...». Почему Лиза считает, что Германну должно быть стыдно?
8. Каким образом Лиза передаёт свои письма Германну?
9. Когда и где должно было состояться первое свидание?
10. Как отреагировал Германн на это приглашение?
11. Сколько времени Германн провёл на улице в ожидании назначенного часа?
12. Правда ли, что в доме графини часы были только в гостиной и кабинете?

 Какие чувства вызвало у Лизы письмо Германна? Восстановите ход её мыслей. (Вы — Лиза. Расскажите или напишите об этом).

 Вы — «ванька на тощей кляче своей». Вы проезжаете мимо дома графини. Нет ли чего-то подозрительного? Расскажите.

А.С. Пушкин

4 **Вы — графиня. Вы только что приехали с бала. Расскажите, что произошло потом.**

 5 **Верны ли данные утверждения? Исправьте те, которые неправильны.**

1. Письмо Германна обрадовало Лизу чрезвычайно.
2. Она была в ужасе от дерзости Германна.
3. «Упрекать себя» значит хвалить себя, говорить: «Какой(ая) я молодец! Какой(ая) я умница!»
4. Лиза ни в чём не упрекала себя.
5. Лиза подумала, что, если она перестанет сидеть у окошка, тогда её невнимание охладит в Германне желание её преследовать.
6. Потом Лиза решила посоветоваться с графиней.
7. Потом Лиза сожгла письмо Германна.
8. Наконец Лиза решила написать ответное письмо.
9. Первые варианты её письма казались ей то слишком снисходительными, то слишком жестокими.
10. Наконец она написала письмо, но не была довольна написанным.
11. В письме Германну Лиза пишет, что он — честный, хороший человек, который не хотел оскорбить её необдуманным поступком.
12. Письмо из модной лавки Лиза открыла не без беспокойства.
13. Прочитав записку, Лиза не поверила своим глазам и разорвала записку на много маленьких кусочков.
14. От замечания «мамзели» Лиза покраснела.
15. Воображение Германна имело над ним самим большую власть.
16. Письма Германна приводили Лизу в состояние трепетного, упоительного восторга.
17. Ожидая приезда графини, Германн сидел, развалясь, на диване с пуховыми подушками.
18. Его сердце колотилось как бешеное.
19. Увидев Лизу, Германн почувствовал маленький укол совести.
20. Находясь в кабинете, Германн бегал из угла в угол, грыз ногти и не мог найти себе места от волнения.
21. Когда Германн появился перед графиней, она зевнула и заснула.
22. Германн сказал, что он пришёл умолять графиню о милости.
23. Рассказав о Чаплицком, Германн с волнением ждал ответа графини.
24. Графиня на секунду смутилась, но потом опять впала в бесчувственность.
25. Такое поведение графини очень рассердило Германна. Он крикнул: «Старая ведьма!»

6 Каким персонажам «Пиковой дамы» принадлежат эти предметы? Заполните таблицу.

Предметы	Лиза	Германн	Графиня
фижмы			
мушки			
чепец			
пяльцы			
крашеная кровать			
ширмы, оклеенные обоями			
пистолет			
парик			
соболья шуба			
холодный плащ			
табакерка			
сальная свеча			
бобровый воротник			
кипы ассигнаций и груды червонцев			
перчатка			
немецкий роман			
записка			
письменный столик, перо, бумага			
узкая витая лестница			
маленькая железная кровать			
жёлтое платье, шитое серебром			
лампада			
спальная кофта			
сюртук			

7 **К кому из персонажей «Пиковой дамы» относятся эти переживания, состояния и действия? Заполните таблицу.**

Переживания, состояния, действия	Лиза	Германн	Графиня
ужасное горе			
любить без памяти			
быть чуждым настоящему			
горечь зависимости			
получать выговоры			
ожидать с нетерпением избавителя			
трепет неизъяснимый			
мучиться любопытством			
не позволять себе ни малейшей прихоти			
иметь сильные страсти и огненное воображение			
лихорадочный трепет			
трепетать, как тигр			
охладить охоту к преследованиям			
упрекать себя			
иметь честные намерения			
не могла опомниться от испугу			
упиваться письмами			
страдать бессоницей			
умолять о милости			
смутиться			
с трепетом ждать ответа			
не в состоянии жертвовать необходимым в надежде приобрести излишнее			

ЧАСТЬ IV

ЛЕКСИЧЕСКИЙ КОММЕНТАРИЙ

1. «...**погружённая** в ... размышления»
   погрузи́ться в размышления — очень глубоко задуматься

2. «...**за́спанную де́вку...**»
   за́спанный — такой, какой бывает после сна
   де́вка — здесь: служанка

3. «...**удостове́рилась** в его отсутствии...»
   удостове́риться *в чём* — убедиться

4. «... **до**... **сего́** вечера»
   до сего́ — до этого

5. «...Томский, **ду́ясь** на молодую княжну...»
   ду́ться — надуться на кого-либо (В.п.) = обижаться / обидеться *на кого*

6. «...**ока́зывая** равнодушие...»
   ока́зывать — проявлять, показывать

7. **Осо́ба** — личность, персона, человек

8. «...**и́ли как бишь его́**?» = Как, ты говоришь, его зовут?
   бишь (*прост.*) от глагола «баять» — говорить

9. «...Германн ... **име́ет** на вас **ви́ды**...»
   име́ть ви́ды на кого-то, на что-то — рассчитывать получить / приобрести что-либо

10. «...**от него́ ста́нет**»
    ста́ться *от кого́* = можно ожидать от кого-либо какого-либо поступка

11. «...мазу́рочная **болтовня́**...»
    болтовня́ — непринуждённый разговор

> **Мазу́рка** составляла центр бала и была его кульминацией. «Мазу-
> рочная болтовня» требовала поверхностных, неглубоких тем, но также
> занимательности и остроты разговора, способности к быстрому, эпиг-
> рамматическому ответу. Во время «мазурочной болтовни» могло также
> прозвучать любовное признание.
>
> **Источник:** Лотман Ю. Роман А.С. Пушкина «Евгений Онегин».
> Комментарий. М., 1980.

А.С. ПУШКИН

12. «Слова Томского … глубоко **зарони́лись в ду́шу** молодой мечтательницы»

зарони́ться в ду́шу = произвести впечатление, запомниться

13. «…вот чего **алка́ла** его душа»

алка́ть — страстно желать

14. «…сердце его также **терза́лось**…»

терза́ться — мучиться, страдать

15. «…пистолет мой не **заря́жен**»

заряжа́ть / заряди́ть пистолет — вложить в пистолет пули

ЗАДАНИЕ

✿ **Заполните пропуски подходящими по смыслу словами, не глядя в текст (в скобках — слова-помощники ☺).**

1. Прие́хав с бала, Лиза с .... (трпт) вошла к себе, ...(ндс/надеяться) найти там Германна и .... не найти его (= хотеть / желание).

2. С первого .... (взгляд) она ....(достаточно / верить) в его отсутствии и........................... судьбу за это (= сказать «спасибо»).

3. Она села не раздеваясь и стала........................... (вспн / помнить / воспоминание) все обстоятельства.

4. Когда Томский на балу назвал имя Германна, руки и ноги Лизы ....(стали очень холодными / лёд / пхлдл).

5. Когда Германн вошёл в комнату Лизы, она ....(трепет / зтрпт).

6. — Графиня умерла. — Б...........................! Что вы г...........................?
   — И кажется я — .... (прчн) её смерти.

7. Лиза выслушала Германна с ....(Аааа!!!! / = страх). Значит, эти .... (страсть) письма, эти ....(пламя) требования, это ....(дрзк) преследование, всё это было не .... (♥)!

8. Деньги, — вот чего .... (= очень хотела / алкл) его душа! ....(≠ сладко) заплакала Лиза в позднем своём .... (рскн).

9. Сердце Германна тоже .... (трзлс), но слёзы бедной девушки не .... (тргл) его душу. Он не чувствовал .... (грызть / грзн) совести. Одно его ....(жсл / =пугало, страшило) .... (нельзя вернуть / нвзвртн) потеря тайны, от которой ожидал он .... (= стать богатым / бгщн)

10. — Вы ....! — сказала ему Лиза. (= монстр / чудо)

11. Германн не собирался стрелять в графиню — его пистолет был не .... (зржн).
12. Германн сидел на окне, грозно .... (нхмрс).
13. Графиня сидела............................ (= как камень). Мёртвое лицо её выражало глубокое .... (покой).

Часть V

ЛЕКСИЧЕСКИЙ КОММЕНТАРИЙ

1. «...после **роково́й** ночи...»
   роково́й — имеющий решающее, судьбоносное и трагическое значение

2. «...должны были **отпева́ть** тело **усо́пшей** графини»
   отпева́ть — читать молитвы над умершим
   усо́пший = умерший

3. «Не чувствуя **раска́яния**...»
   раска́янье *в чём* — сожаление о сделанном

4. «...голос, ... **тверди́вший** ему...»
   тверди́ть — много раз говорить одно и то же

5. «...**испроси́ть** ... проще́ния»
   испроси́ть = выпросить, очень сильно просить и в результате получить

6. «...**наси́лу** мог **пробра́ться**...»
   наси́лу — с трудом
   пробра́ться — пройти

7. «...**ми́рное успе́ние пра́ведницы**...»
   ми́рный — спокойный
   успе́ние — смерть
   пра́ведник (♂), **пра́ведница** (♀) — человек, не нарушающий нравственных и религиозных законов (антоним — грешник / грешница — тот, кто грешит)

8. «Германн, поспешно **пода́вшись наза́д**, **оступи́лся** и **на́взничь гря́нулся** об земь»
   пода́ться наза́д — сделать шаг назад
   оступи́ться — неудачно ступить, сделать неверный шаг, споткнуться
   на́взничь — упасть на спину
   гря́нуться — с шумом всей тяжестью упасть

9. «Этот эпизод **возмути́л** на несколько минут…»
    возмути́ть — здесь: нарушить спокойствие

10. **То́тчас** — сразу же

11. **Денщи́к** — солдат — слуга офицера

12. «…от него нельзя было **доби́ться** никакого **то́лку**»
    доби́ться то́лку — получить разумное объяснение

13. **Виде́ние** — здесь: то, что он увидел

ЗАДАНИЯ

1 **Ответьте на вопросы.**

1. Почему никто не плакал в церкви у гроба графини?
2. Что показалось Германну, когда он наклонился над гробом?
3. Почему после похорон Германн идёт обедать в уединённый трактир и много пьёт? Ведь такое поведение не свойственно ему.
4. Как вы понимаете слова графини: «Мне велено исполнить твою просьбу»?
5. Какие условия поставила графиня?
6. В каком состоянии Германн застал своего денщика?
7. Что сделал Германн, чтобы не забыть увиденное?

2 **Вы — Германн. Расскажите (или сделайте краткую запись в своём дневнике), почему вы решили пойти на похороны графини.**

3 **Что произошло после того, как Германн ушёл из трактира? Расскажите от лица Германна.**

4 **Заполните пропуски подходящими по смыслу словами (в скобках — слова-помощники ☺).**

1. Тело усопшей графини ....в монастыре (петь).
2. Германн пошёл туда, так как его совесть .... (твёрдый / тврдл) ему: ты убийца старухи!
3. Он не чувствовал ....(каин / рскн), но не мог совершенно .... (глухой / зглшт) голос .... (свст).

4. Графиня была так стара, что её смерть не могла никого .... (= удивить / прзт).

5. Одна только дама — .... (= одного возраста / рвснц) покойной .... несколько слёз (лить / прлл).

6. Когда Германн наклонился над гробом, ему показалось, что .... (= покойница) графиня .... (смех / нсмшлв) .... на него (=смотреть / взгл).

7. Германн проснулся ночью, сел на кровати. Сон у него .... (= исчез / пршл).

8. В это время кто-то .... (= посмотрел / взглнл) к нему в окошко , и — тотчас .... (тшл).

9. Он услышал незнакомую .... (пхдк), кто-то ходил, тихо .... туфлями (шарк-шарк).

10. Графиня говорила .... (≠ мягким / тврд) голосом: «Мне велено .... твою просьбу» (полный / сплн).

11. Германн долго не мог .... (помнить себя = прийти в себя).

12. От денщика нельзя было .... (бить / дбтс) никакого .... (смысл / тлк).

13. Германн записал своё .... (видеть / вдн).

ЧАСТЬ VI
ЛЕКСИЧЕСКИЙ КОММЕНТАРИЙ

1. «Молодёжь к нему **нахлы́нула**…»
   нахлы́нуть — 1) стремительно нате́чь (о воде); 2) набежать (о людях, 1, 2 лицо не употребляются)

2. «…около которого **тесни́лось** человек двадцать…»
   тесни́ться — здесь: стоять очень близко (тесно) друг к другу

3. «…просил не **церемо́ниться**…»
   церемо́ниться — быть церемонным, вести себя церемонно
   церемо́нный — отвечающий требованиям этикета, строгому соблюдению приличий, условностям в поведении

4. «Все **а́хнули**»
   а́хнуть — воскликнуть «ах» в порыве какого-либо чувства

5. «…не понимая, как мог он **обдёрнуться**»
   обдёрнуться (*устар.*) = ошибиться

ЗАДАНИЯ

 Правильны ли данные утверждения? Исправьте неточности.

1. Германн не переставая думал о мёртвой графине.
2. Три карты не выходили из головы Германна.
3. Цветы Германн сравнивал с тройкой, девушек с семёркой, пауков с тузом.
4. Германн совсем забыл про обещание жениться на Лизе.
5. В Петербург из Москвы приехал богатый игрок Чекалинский.
6. Никто из молодых людей не обратил внимания на приезд Чекалинского.
7. В первый раз Германн поставил на карту 74 000 рублей.
8. Германн принёс с собой всю эту сумму.
9. Во второй раз Германн выиграл сумму в два раза больше первой ставки.
10. Чекалинский все три раза был необыкновенно спокоен.
11. Туз Германна непонятным образом превратился в пиковую даму.
12. Германн и в третий раз выиграл.
13. Германн сошёл с ума от счастья.
14. Жизнь Лизы сложилась очень удачно: он вышла замуж за хорошего, небедного молодого человека.
15. Лиза взяла на воспитание бедную родственницу.

 Преобразуйте предложения: замените выделенные причастия и деепричастия глаголами.

Образец: Чекалинский отгибал лишний угол, **загибаемый** рассеянною рукой. — Чекалинский отгибал лишний угол, который **загибала** рассеянная рука.

1. Чекалинский, **проведя** весь век за картами и **нажив** некогда миллионы, выигрывал векселя и проигрывал чистые деньги.
2. Молодёжь, **забывая** про балы для карт, к нему нахлынула.
3. Они прошли ряд великолепных комнат, **наполненных** учтивыми официантами.
4. Глаза Чекалинского, **оживлённые** улыбкою, блестели.
5. — Позвольте поставить карту, — сказал Германн, **протягивая** руку из-за толстого господина.
6. — Сколько? — спросил, **прищуриваясь**, банкомёт.
7. Чекалинский, бегло **посмотрев** банковский билет, положил его на карту.
8. Чекалинский потянул к себе **проигранные** билеты.

 Каковы были ваши предположения о развитии сюжета 1) после смерти графини; 2) после того как она назвала Германну три карты.

 Расскажите о происшедшем от лица одного из главных персонажей: Лизы, графини, Германна.

ПИКОВАЯ ДАМА

Гюи де Мопассан

Исаак Бабель

Зимой шестнадцатого года я очутился в Петербурге с фальшивым паспортом и без гроша денег[1]. Приютил меня[2] учитель русской словесности — Алексей Казанцев. Он жил на Песках, в промёрзшей, жёлтой, зловонной улице[3]. Приработком к скудному жалованью[4] были переводы с испанского; в ту пору входил в славу Бласко Ибаньес.

Казанцев и проездом не бывал в Испании, но любовь к этой стране заполняла его существо — он знал в Испании все замки, сады и реки.

Кроме меня, к Казанцеву жалось ещё множество вышибленных из правильной жизни людей[5]. Мы жили впроголодь. Изредка бульварные листки печатали мелким шрифтом наши заметки о происшествиях. По утрам я околачивался в моргах и полицейских участках[6]. Счастливее нас был всё же Казанцев. У него была родина — Испания.

В ноябре мне представилась должность конторщика на Обуховском заводе, недурная служба, освобождавшая от воинской повинности[7].

Я отказался стать конторщиком.

Уже в ту пору — двадцати лет от роду — я сказал себе: лучше голодовка, тюрьма, скитания, чем сидение за конторкой часов по десять в день. Особой удали в этом обете нет[8], но я не нарушал его и не нарушу. Мудрость дедов сидела в моей голове: мы рождены для наслаждения трудом, дракой, любовью, мы рождены для этого и ни для чего другого.

Слушая мои рацеи, Казанцев ерошил жёлтый короткий пух на своей голове[10]. Ужас в его взгляде перемешивался с восхищением.

На рождестве к нам привалило счастье. Присяжный поверенный[11] Бендерский, владелец издательства «Альциона», задумал выпустить в свет новое издание сочинений Мопассана. За перевод взялась жена присяжного поверенного — Раиса.

Из барской затеи ничего не вышло[12].

У Казанцева, переводившего с испанского, спросили, не знает ли он человека в помощь Раисе Михайловне. Казанцев указал на меня.

На следующий день, облачившись в чужой пиджак[13], я отправился к Бендерским. Они жили на углу Невского и Мойки, в доме, выстроенном из финляндского гранита и обложенном розовыми колонками, бойницами, каменными гербами.

Банкиры без роду и племени, выкресты, разжившиеся на поставках[14], настроили в Петербурге перед войной множество пошлых, фальшиво величавых этих замков. По лестнице пролегал красный ковёр. На площадках, поднявшись на дыбы[15], стояли плюшевые медведи. В их разверстых пастях горели[16] хрустальные колпаки.

Бендерские жили в третьем этаже. Дверь открыла горничная в наколке[17], с высокой грудью. Она ввела меня в гостиную, отделанную в древнеславянском стиле. На стенах висели синие картины Рериха — доисторические камни и чудовища. По углам — на поставцах[18] — расставлены были иконы древнего письма.

Горничная с высокой грудью торжественно двигалась по комнате. Она была стройна, близорука, надменна[19]. В серых раскрытых её глазах окаменело распутство. Девушка двигалась медленно. Я подумал, что в любви она, должно быть, ворочается с неистовым проворством.

Горничная в наколке

Парчовый полог, висевший над дверью, заколебался[20]. В гостиную, неся большую грудь, вошла черноволосая женщина с розовыми глазами. Не нужно было много времени, чтобы узнать в Бендерской упоительную эту породу евреек, пришедших к нам из Киева и Полтавы, из степных, сытых городов, обсаженных каштанами и акациями.

Деньги оборотистых своих мужей[21] эти женщины переливают в розовый жирок на животе, на затылке, на круглых плечах. Сонливая, нежная их усмешка сводит с ума гарнизонных офицеров.

— Мопассан — единственная страсть моей жизни, — сказала мне Раиса. Стараясь удержать качание больших бёдер, она вышла из комнаты и вернулась с переводом «Мисс Гарриэт».

В переводе её не осталось и следа от фразы Мопассана, свободной, текучей, с длинным дыханием страсти, Бендерская писала утомительно правильно, безжизненно и развязно — так, как писали раньше евреи на русском языке.

Я унёс рукопись к себе и дома в мансарде Казанцева — среди спящих — всю ночь прорубал просеки в чужом переводе[22]. Работа эта не так дурна, как кажется. Фраза рождается на свет хорошей и дурной в одно и то же время.

Та́йна заключа́ется в поворо́те, едва́ ощути́мом[23]. Рыча́г до́лжен лежа́ть в руке́ и обогрева́ться. Поверну́ть его́ на́до оди́н раз, а не два.

Нау́тро я снёс вы́правленную ру́копись.

Раи́са не лгала́, когда́ говори́ла о свое́й стра́сти к Мопасса́ну. Она́ сиде́ла неподви́жно во вре́мя чте́ния, сцепи́в ру́ки: атла́сные э́ти ру́ки текли́ к земле́, лоб её бледне́л, кру́жевце ме́жду отда́вленными грудя́ми отклоня́лось и трепета́ло[24].

— Как вы э́то сде́лали?

Тогда́ я заговори́л о сти́ле, об а́рмии слов, об а́рмии, в кото́рой дви́жутся все ро́ды ору́жия. Никако́е желе́зо не мо́жет войти́ в челове́ческое се́рдце так леденя́ще, как то́чка, поста́вленная во́время.

Она́ слу́шала, склони́в го́лову, приоткры́в кра́шеные гу́бы. Чёрный луч сия́л в лакиро́ванных её волоса́х, гла́дко прижа́тых и разделённых пробо́ром. Обли́тые чулко́м но́ги с си́льными и не́жными и́крами расста́вились по ковру́.

Го́рничная, уводя́ в сто́рону окамене́вшие распу́тные глаза́, внесла́ на подно́се за́втрак.

Стекля́нное петербу́ргское со́лнце ложи́лось на блёклый неро́вный ковёр. Два́дцать де́вять книг Мопасса́на стоя́ли над столо́м на по́лочке. Со́лнце та́ющими па́льцами тро́гало сафья́новые корешки́ книг — прекра́сную моги́лу челове́ческого се́рдца[25].

Нам пода́ли ко́фе в си́них ча́шечках, и мы ста́ли переводи́ть «Иди́ллию». Все по́мнят расска́з о том, как голо́дный ю́ноша-пло́тник отсоса́л у то́лстой корми́лицы молоко́, тяготи́вшее её[26]. Это случи́лось в по́езде, ше́дшем из

Санкт-Петербург

Ни́ццы в Марсе́ль, в зно́йный по́лдень, в стране́ роз, на ро́дине роз, там, где планта́ции цвето́в спуска́ются к бе́регу мо́ря...

Я ушёл от Бенде́рских с двадцатью пятью рубля́ми ава́нса. На́ша комму́на на Песка́х была́ пьяна́ в э́тот ве́чер, как ста́до упи́вшихся гусе́й. Мы че́рпали ло́жкой зерни́стую икру́ и заеда́ли её ли́верной колбасо́й[27].

Захмеле́в, я стал брани́ть Толсто́го[28].

— Он испуга́лся, ваш граф, он стру́сил... Его́ рели́гия — страх... Испуга́вшись хо́лода, ста́рости, граф сшил себе́ фуфа́йку из ве́ры[29]...

— И да́льше? — кача́я пти́чьей голово́й, спра́шивал меня́ Каза́нцев.

Мы засну́ли ря́дом с со́бственными посте́лями. Мне присни́лась Ка́тя, сорокале́тняя пра́чка[30], жи́вшая под на́ми. По утра́м мы бра́ли у неё кипято́к. Я и лица́ её то́лком не успе́л разгляде́ть[31], но во сне мы с Ка́тей бог зна́ет что де́лали. Мы изму́чили друг дру́га поцелу́ями.

Я не удержа́лся от того́, что́бы зайти́ к ней на сле́дующее у́тро за кипятко́м. Меня́ встре́тила увя́дшая, перекрещённая ша́лью же́нщина, с распусти́вшимися пе́пельно-седы́ми завитка́ми и отсыре́вшими рука́ми[32].

С э́тих пор я вся́кое у́тро за́втракал у Бенде́рских. В на́шей мансарде завела́сь но́вая пе́чка, селёдка, шокола́д. Два ра́за Раи́са вози́ла меня́ на острова́. Я не утерпе́л и рассказа́л ей о моём де́тстве. Расска́з вы́шел мра́чным, к со́бственному моему́ удивле́нию. Из-под крото́вой ша́почки на меня́ смотре́ли блестя́щие испу́ганные глаза́. Ры́жий мех ресни́ц жа́лобно вздра́гивал.

Я познако́мился с му́жем Раи́сы — желтоли́цым евре́ем с го́лой голово́й и пло́ским си́льным те́лом, ко́со устреми́вшимся к полёту. Ходи́ли слу́хи о его́ бли́зости к Распу́тину. Барыши́, получа́емые им на вое́нных поста́вках, прида́ли ему́ вид одержи́мого[33]. Глаза́ его́ блужда́ли, ткань действи́тельности порвала́сь для него́.

Раи́са смуща́лась, знако́мя но́вых люде́й со свои́м му́жем. По мо́лодости лет я заме́тил э́то на неде́лю по́зже, чем сле́довало.

По́сле Но́вого го́да к Раи́се прие́хали из Ки́ева две её сестры́. Я принёс ка́к-то ру́копись «Призна́ния» и, не заста́в Раи́сы, верну́лся ве́чером. В столо́вой обе́дали. Отту́да доноси́лось серебри́стое кобы́лье ржа́нье[34] и гул мужски́х голосо́в, неуме́ренно лику́ющих[35]. В бога́тых дома́х, не име́ющих тради́ций, обе́дают шу́мно. Шум был евре́йский — с перека́тами и певу́чими оконча́ниями.

Раи́са вы́шла ко мне в ба́льном пла́тье с го́лой спино́й. Но́ги в коле́блющихся ла́ковых ту́фельках ступа́ли нело́вко.

— Я пьяна́, голу́бчик. — И она́ протяну́ла мне ру́ки, уни́занные цепя́ми пла́тины и звёздами изумру́дов.

Те́ло её кача́лось, как те́ло змеи́, встаю́щей под му́зыку к потолку́. Она́ мота́ла завито́й голово́й, бренча́ перстня́ми, и упа́ла вдруг в кре́сло с древнеру́сской резьбо́й. На пу́дреной её спине́ тле́ли рубцы́.

За стено́й ещё раз взорва́лся же́нский смех. Из столо́вой вы́шли сёстры с у́сиками, таки́е же полногру́дые и ро́слые, как Раи́са. Гру́ди их бы́ли вы́ставлены вперёд, чёрные во́лосы развева́лись. Обе бы́ли за́мужем за свои́ми со́бственными Бенде́рскими. Ко́мната напо́лнилась бессвя́зным же́нским весе́льем, весе́льем зре́лых же́нщин. Мужья́ заку́тали сестёр в ко́тиковые манто́[36], в оренбу́ргские платки́[37], закова́ли их в чёрные бо́тики; под снежным забра́лом платко́в[38] оста́лись то́лько нарумя́ненные пыла́ющие щёки, мра́морные носы́ и глаза́ с семити́ческим близору́ким бле́ском. Пошуме́в, они́ уе́хали в теа́тр, где дава́ли «Юди́фь» с Шаля́пиным.

— Я хочу́ рабо́тать, — пролепета́ла[39] Раи́са, протя́гивая го́лые ру́ки, — мы упусти́ли це́лую неде́лю...

Она́ принесла́ из столо́вой буты́лку и два бока́ла. Грудь её свобо́дно лежа́ла в шёлковом мешке́ пла́тья; соски́ вы́прямились, шёлк накры́л их.

— Заве́тная[40], — сказа́ла Раи́са, разлива́я вино́, — муска́т во́семьдесят тре́тьего го́да. Муж убьёт меня́, когда́ узна́ет...

Я никогда́ не име́л де́ла с муска́том во́семьдесят тре́тьего го́да и не заду́мался вы́пить три бока́ла оди́н за други́м. Они́ то́тчас же увели́ меня́ в переу́лки, где ве́яло ора́нжевое пла́мя и слы́шалась му́зыка.

— Я пьяна́, голу́бчик... Что у нас сего́дня?

— Сего́дня у нас «L'aveu»...

— Ита́к, «Призна́ние». Со́лнце — геро́й э́того расска́за, le soleil de France...

"...Распла́вленные ка́пли со́лнца, упа́в на ры́жую Селе́сту, преврати́лись в весну́шки. Со́лнце отполирова́ло отве́сными свои́ми луча́ми, вино́м и я́блочным си́дром ро́жу ку́чера Поли́та. Два ра́за в неде́лю Селе́ста вози́ла в го́род на прода́жу сли́вки, я́йца и ку́риц. Она́ плати́ла Поли́ту за прое́зд де́сять су за себя́ и четы́ре су за корзи́ну. И в ка́ждую пое́здку Поли́т, подми́гивая, справля́ется у ры́жей Селе́сты: «Когда́ же мы позаба́вимся, ma belle?» — «Что э́то зна́чит, мсье Поли́т?» Подпры́гивая на ко́злах[41], ку́чер объясни́л: «Позаба́виться — э́то зна́чит позаба́виться, чёрт меня́ побери́... Па́рень с де́вкой — му́зыки не на́до...»

— Я не люблю́ таки́х шу́ток, мсье Поли́т, — отве́тила Селе́ста и отодви́нула от па́рня свои́ ю́бки, нави́сшие над могу́чими и́крами в кра́сных чулка́х.

Но э́тот дья́вол Поли́т всё хохота́л, всё ка́шлял, — когда́-нибудь мы позаба́вимся, ma belle, — и весёлые слёзы кати́лись по его́ лицу́ цве́та кирпи́чной кро́ви и вина́..."

Я выпил ещё бокал заветного муската. Раиса чокнулась со мной. Горничная с окаменевшими глазами прошла по комнате и исчезла.

66 ...Ce diable de Polyte... [этот пройдоха Полит... (фр.)] За два года Селеста переплатила ему сорок восемь франков. Это пятьдесят франков без двух. В конце второго года, когда они были одни в дилижансе и Полит, хвативший сидра перед отъездом, спросил по своему обыкновению: «А не позабавиться ли нам сегодня, мамзель Селеста?» — она ответила, потупив глаза: «Я к вашим услугам, мсье Полит...» 99

Раиса с хохотом упала на стол. Ce diable de Polyte...

66 ...Дилижанс был запряжён белой клячей[42]. Белая кляча с розовыми от старости губами пошла шагом. Весёлое солнце Франции окружило рыдван*, закрытый от мира порыжевшим козырьком. Парень с девкой, музыки им не надо... 99

Раиса протянула мне бокал. Это был пятый.
— Mon vieux [дружок (фр.)], за Мопассана...
— А не позабавиться ли нам сегодня, ma belle...
Я потянулся к Раисе и поцеловал её в губы. Они задрожали и вспухли.
— Вы забавный, — сквозь зубы пробормотала Раиса и отшатнулась.
Она прижалась к стене, распластав обнажённые руки. На руках и на плечах у неё зажглись пятна. Изо всех богов, распятых на кресте, это был самый обольстительный.
— Потрудитесь сесть, мсье Полит...
Она указала мне на косое синее кресло, сделанное в славянском стиле. Спинку его составляли сплетения, вырезанные из дерева с расписными хвостами. Я побрёл туда спотыкаясь.

Ночь подложила под голодную мою юность бутылку муската восемьдесят третьего года и двадцать девять книг, двадцать девять петард, начинённых жалостью, гением, страстью... Я вскочил, опрокинул стул, задел полку. Двадцать девять томов обрушились на ковёр, страницы их разлетелись, они стали боком... и белая кляча моей судьбы пошла шагом.
— Вы забавный, — прорычала Раиса.

---

* **Рыдван** (устар.) — большая дорожная карета.

ГЮИ ДЕ МОПАССАН

Я ушёл из гранитного дома на Мойке в двенадцатом часу, до того, как сёстры и муж вернулись из театра. Я был трезв и мог ступать по одной доске, но много лучше было шататься[43], и я раскачивался из стороны в сторону, распевая на только что выдуманном мною языке. В туннелях улиц, обведённых цепью фонарей, валами ходили пары тумана. Чудовища ревели за кипящими стенами. Мостовые отсекали ноги[44] идущим по ним.

Дома спал Казанцев. Он спал сидя, вытянув тощие ноги в валенках[45]. Канареечный пух поднялся на его голове. Он заснул у печки, склонившись над «Дон-Кихотом» издания 1624 года. На титуле этой книги было посвящение герцогу де Броглио.

Я лёг неслышно, чтобы не разбудить Казанцева, придвинул к себе лампу и стал читать книгу Эдуарда де Мениаль — «О жизни и творчестве Гюи де Мопассана».

Губы Казанцева шевелились, голова его сваливалась.

И я узнал в эту ночь от Эдуарда де Мениаль, что Мопассан родился в 1850 году от нормандского дворянина и Лауры де Пуатевен, двоюродной сестры Флобера. Двадцати пяти лет он испытал первое нападение наследственного сифилиса.

Плодородие и веселье, заключённые в нём, сопротивлялись болезни. Вначале он страдал головными болями и припадками ипохондрии. Потом призрак слепоты стал перед ним. Зрение его слабело. В нём развилась мания подозрительности, нелюдимости и сутяжничество[46]. Он боролся яростно, метался на яхте по Средиземному морю, бежал в Тунис, в Марокко, в Центральную Африку — и писал непрестанно. Достигнув славы, он перерезал себе на сороковом году жизни горло, истёк кровью, но остался жив. Его заперли в сумасшедший дом. Он ползал там на четвереньках... Последняя надпись в его скорбном листе гласит: «Monsieur de Maupassant va s'animaliser» («Господин Мопассан превратился в животное»). Он умер сорока двух лет. Мать пережила его.

Я дочитал книгу до конца и встал с постели. Туман подошёл к окну и скрыл вселенную. Сердце моё сжалось. Предвестие истины коснулось меня[47].

1932 год

Исаа́к Ба́бель

Имя при рождении:	Исаа́к Эммануи́лович Бо́бель
Дата рождения:	1 (13) июля 1894 года
Место рождения:	Одесса, Российская империя
Дата смерти:	27 января 1940 года
Место смерти:	Москва
Причина смерти:	расстрел

Исаак Бабель

15 мая 1939 года Бабель был арестован. Его обвинили в антисоветской террористической деятельности и в подготовке террористических актов в отношении руководителей ВКП(б) и Советского правительства. При аресте были изъяты все его рукописи — 24 папки. Это были наброски и планы рассказов, два начатых романа, переводы, дневники, записные книжки, личные письма к жене. Не найдены.

Под пытками Бабель «сознался», но затем отказался от своих показаний.

Место захоронения:	нет (тело Бабеля было сожжено в крематории Донского монастыря)
Полная реабилитация:	1954 год
Гражданство:	Российская империя, СССР
Род деятельности:	журналист, писатель
Годы творчества:	1924–1939
Жанр:	рассказы, пьесы, киносценарии
Язык произведений:	русский

Призведения Бабеля стали печатать лишь в 1960-х годах, после посмертной реабилитации. Дочь писателя, американская гражданка Натали Бабель (Браун, *Natalie Babel Brown*, 1929–2005) сумела собрать малодоступные или неопубликованные произведения и издать их с комментариями («The Complete Works of Isaac Babel», 2002).

Планируется открытие монумента Исааку Бабелю в Одессе. Монумент будет стоять на пересечении улиц Жуковского и Ришельевской, напротив дома, где Бабель когда-то жил.

Автобиография

Родился в 1894 году в Одессе, на Молдаванке, сын тоговца-еврея. По настоянию отца изучал еврейский язык, Библию, Талмуд. Дома жилось трудно, потому что с утра до ночи заставляли заниматься множеством наук. Отдыхал в школе. Школа моя называлась Одесское коммерческое училище имени императора Николая I. Там обучались сыновья иностранных купцов, дети еврейских маклеров, сановитые поляки, старообрядцы... На переменах мы уходили, бывало, в порт..., или в греческие кафейни играть на бильярде, или на Молдаванку пить в погребах дешёвое бессарабское вино.

Школа эта незабываема для меня ещё и потому, что учителем французского языка был там m-r Вадон. Он был бретонец и обладал литературным дарованием, как все французы. Он обучил меня своему языку, я затвердил с ним французских классиков, сошёлся близко с французской колонией в Одессе и с пятнадцати лет начал писать рассказы на французском языке. Я писал их два года, но потом бросил: пейзане ... выходили у меня бесцветно, только диалог удавался мне.

Потом, после окончания училища, я очутился в Киеве и в 1915 году в Петербурге. В Петербурге мне пришлось ужасно худо, у меня не было правожительства, я избегал полиции и квартировал в погребе на Пушкинской улице у одного... пьяного официанта. Тогда в 1915 году я начал разносить мои сочинения по редакциям, но меня отовсюду гнали, все редакторы убеждали меня поступить куда-нибудь в лавку, но я не послушался их. В конце 1916 года попал к Горькому. И вот — я всем обязан этой встрече и до сих пор произношу имя Алексея Максимовича с любовью и благоговением. Он напечатал первые мои рассказы в ноябрьской книжке «Летописи»* за 1916 год, он научил меня необыкновенно важным вещам и отправил меня в люди.

И вот я на семь лет — с 1917 по 1924 — ушёл в люди. За это время я был солдатом на румынском фронте, потом служил в Чека, в Наркомпросе, в продовольственных экспедициях 1918 года, в Северной армии против Юденича, в Первой Конной Армии, ... был репортёром в Петербурге и Тифлисе и проч. И только в 1923 году я научился выражать свои мысли ясно и не очень длинно. Тогда я вновь принялся сочинять.

Начало литературной моей работы я отношу поэтому к началу 1924 года, когда в 4-й книге журнала «Леф» появились мои первые рассказы «Соль», «Письмо», «Смерть Долгушова», «Король» и др.

Источник: Бабель И.Э. Автобиография // Сочинения. В 2 т. Т. 1. М., 1991.

---

* «Ле́топись» — ежемесячный литературный, научный и политический журнал. Основатель и фактический руководитель — Максим Горький. Объединял писателей и публицистов, выступавших против Первой мировой войны и национализма. Выходил с декабря 1915 до декабря 1917 года тиражом 10—12 тысяч экземпляров.

Лексический комментарий

1. «...я **очути́лся** в Петербурге ... **без гроша́** денег»
   очути́ться = оказаться
   грош *(устар.)* — мелкая монета; здесь: деньги вообще
   В современном языке используются выражения:
   без гроша (денег) = без копейки, без денег вообще
   не иметь гроша за душой / у кого-либо нет гроша за душой = быть очень бедным

2. «**Приюти́л** меня...»
   приюти́ть — дать на время приют (= жильё)

3. «...в **промёрзшей**, ... **злово́нной** улице»
   промёрзнуть — очень сильно замёрзнуть
   злово́нный — отвратительно пахнущий, вонючий

4. «**При́работком** к ску́дному жа́лованью...»
   при́работок — дополнительный небольшой за́работок
   жа́лованье *(устар.)* — плата за службу
   ску́дный — недостаточный

5. «...множество **вы́шибленных** ... людей»
   вы́шибить — 1) выбить сильным ударом; 2) *(перен.)* прогнать, исключить

6. «По утрам я **окола́чивался** в моргах...»
   окола́чиваться — ходить, находиться где-либо без дела, напрасно, зря, иногда мешая другим

7. **Во́инская пови́нность** — обязательная служба в армии

8. «Особой **у́дали** в этом **обе́те** нет...»
   у́даль (♀) = смелость
   обе́т = торжественное обещание, обязательство

   > **дать обе́т**
   > **нару́шить обе́т**

9. «Слушая мои **раце́и**...»
   раце́я *(устар.)* — про́поведь, поучение

10. «...Казанцев **еро́шил** жёлтый ... пух на своей голове»
    еро́шить / взъеро́шить — обычно со словом «волосы»: теребя, приводить в беспорядок; причастие — **взъеро́шенный**

11. **Прися́жный пове́ренный** = адвокат в дореволюционной России

---

12. «Из **ба́рской зате́и** ничего не вышло»

ба́рский — прилагательное от слова «барин» = господин

ба́рин (барыня ♀) — 1) в дореволюционной России человек из привиле-гированного класса (помещик, чиновник), а также обращение к нему; 2) (*перен.*) человек, который не любит трудиться сам и предпочитает перекладывать работу на других

ба́рские мане́ры, ба́рский тон = высокомерно-пренебрежительные

зате́я = наме́рение

13. «…**облачи́вшись** в чужой пиджак…»

облачи́ться (*церк.*) — буквально: надеть на себя церковное одеяние, ризу, облачение (о священнослужителе); здесь пиджак не просто одежда для героя рассказа, но одеяние (в бедные, голодные и холодные годы)

14. «Банкиры без роду и племени, **вы́кресты, разжи́вшиеся** на поставках…»

вы́крест (*устар.*) — тот, кто перешёл в христианство из другой религии (иудаизм, ислам, буддизм); слово несёт отрицательную оценку

разжи́ться = разбогатеть

15. «На площадках, **подня́вшись на дыбы́**, стояли плюшевые медведи»

подня́ться на дыбы́ = встать на задние лапы

16. «В их **разве́рстых па́стях** горели хрустальные колпаки»

разве́рзнуть (*книжн.*) широко раскрыть

па́сть (♀) — рот животного (большого и хищного)

17. «…горничная в **нако́лке**…»

нако́лка — украшение из ткани или кружева, которое накалывают на жен-скую причёску

18. «…на **поставца́х** … расставлены были иконы…»

поставе́ц (*устар.*), высокий столик с ящиками или невысокий шкаф с пол-ками

19. «была …**близору́ка**…»

близору́кий = с плохим зрением

20. **«Парчо́вый по́лог… заколеба́лся»**

парчо́вый — сделанный из парчи

парча́ — плотная шёлковая ткань с узорами из золотых или серебряных нитей.

по́лог — занавеска, закрывающая что-либо — дверной проём, кровать

колеба́ться / заколеба́ться — здесь: прийти в движение

21. «Деньги **оборо́тистых** своих мужей…»

оборо́тистый — ловкий в делах, умеющий делать деньги

22. «...всю ночь прорубал **про́секи** в чужом переводе»

про́сека — дорожка в лесу, которую прорубили, убрав деревья, здесь: убирал в переводе всё лишнее

23. «Тайна заключается в повороте, **едва́ ощути́мом**»

едва́ ощути́мый — который чувствуется очень слабо, мало

24. «...кру́жевце ... **трепета́ло**»

трепета́ть = быстро дрожать
(Я трепещу / ты трепещешь / он трепещет / мы трепещем/ вы трепещете / они трепещут)

25. «Солнце та́ющими пальцами трогало **сафья́но-вые корешки́ книг**...»

сафья́новый — сделанный из сафьяна — тон-кой, мягкой кожи из шкур коз и овец
корешо́к книги — та часть переплёта книги, которая закрывает место сшива листов

Корешки книг

26. «...молоко, **тяготи́вшее** её»

тяготи́ть = быть в тягость, быть как тяжесть

27. «Мы **че́рпали** ложкой ... икру и заедали её **ли́вер-ной колбасо́й**»

че́рпать — брать ложкой снизу, из глубины
ли́верная колбаса — колбаса из внутреннос-тей животных, из ливера (печень, сердце, лёгкие); обычно самая дешёвая

Черпак

28. «**Захмеле́в**, я стал **брани́ть** Толстого»

захмеле́ть — опьянеть
брани́ть — ругать

29. «...граф сшил себе **фуфа́йку** из веры»

фуфа́йка — тёплая (вязаная) рубашка

30. **Пра́чка** — женщина, которая за оплату стирает для других одежду

31. «Я и лица **то́лком** не успел **разгляде́ть**...»

разгляде́ть то́лком — разглядеть хорошо
толк — смысл, разумность, польза

знать / понима́ть толк *в чём* — хорошо знать своё дело

без толку = без результата

бестолко́вый челове́к — человек, который ни в чём не разбирается, ничего не умеет

то́лком объясни́ть = объяснить так, чтобы стало понятно

то́лком поня́ть = хорошо понять, уяснить себе

32. «Меня встретила **увя́дшая, перекрещённая ша́лью** женщина, с **распус-ти́вшимися ... завитка́ми** и **отсыре́вшими** руками»

Вя́нуть / увя́нуть / завя́нуть — терять свежесть, сохнуть (буквально о цветке, растении; *перен.* о красоте, молодости)

перекрести́ть — здесь: повязать шаль на груди крест-накрест

завитки́ = кудри

распусти́ться — здесь: о кудрях, которые перестали виться — волосы стали почти прямыми

отсыре́ть — здесь: кожа рук была пропитана водой, из-за чего руки имели вид опухших

33. «**Барыши́**, получаемые им на военных поставках, придали ему вид **одержи́мого**»

барыши́ — денежная прибыль, выгода

одержи́мый — человек, который находится во власти чего-либо: мысли, идеи, желания, страха, любви, увлечения; здесь: выглядит психически не совсем нормальным человеком

34. «**...доноси́лось серебри́стое кобы́лье ржа́нье...**» — здесь: громкий и заливистый женский смех

35. «**...неуме́ренно лику́ющих...**»

неуме́ренно — очень сильно, без меры .

ликова́ть — радоваться

36. «**...закутали сестёр в ко́тиковые** манто...»

ко́тик = вид тюленя (не кошки!! ☺)

37. **Оренбу́ргский плато́к** — платок, связанный из пуха оренбургских коз; оренбургские платки очень лёгкие, тонкие, мягкие и тёплые

38. «**...под снежным забра́лом** платков...»

забра́ло — буквально: подвижная часть шлема, которая служит защитой лица и глаз; здесь: белые ажурные платки, которые повязаны так, что закрыта часть лица

39. **Лепета́ть / пролепета́ть** — так обычно говорят маленькие дети: высоким голосом, не очень хорошо артикулируя и не совсем правильно произнося слова

Морской котик

Оренбургский пуховый платок

Шлем с двойным забралом

40. **«Заве́тная…»**

заве́тный — особо ценимый, хранимый; здесь — бутылка вина, которую хранили, чтобы открыть, когда произойдёт что-либо очень значимое, особенное

41. **«Подпры́гивая на ко́злах…»**

ко́злы — сиденье для кучера (не путать со словом «козлы́» — мн.ч. от слова «козёл» — животное ☺)

42. **«Дилижанс был запряжён белой кля́чей…»**

кля́ча — плохая, уставшая лошадь, которая уже не может быстро бегать

43. **«…но много лучше было шата́ться…»**

шата́ться — идти, раскачиваясь из стороны в сторону

44. **«Мостовые отсека́ли ноги…»**

отсека́ть / отсе́чь (*книжн.*) = отрезать, отрубить, отделить от чего-нибудь быстрым и сильным ударом кнута, сабли, ножа (= бить с размаху)

45. **«Он спал сидя, вытянув то́щие ноги в ва́ленках»**

то́щий — очень худой

ва́ленки — тёплые во́йлочные сапоги из свалянной овечьей шерсти

Ва́ленки — традиционная русская обувь, которую в морозную погоду носят для ходьбы по сухому снегу.

В валенках не страшны самые лютые морозы. Это удобная, прочная и тёплая обувь, которая на Руси испокон веков была в почёте у всякого чина и сословия.

Снизу валенки подшивают кожей или другим прочным материалом, чтобы не снашивались. В сырую погоду носят валенки с галошами. Традиционно валенки делают чёрного, серого и белого цвета.

Сегодня валенки переживают второе рождение. Они возвращают к себе любовь горожан, а для дизайнеров и модельеров — это актуальный объект творчества. Валенки незаменимы на даче и в загородном доме.

В российских магазинах можно купить различные модели: от самых простых до уникальных, выполненных в лучших традициях товаров класса люкс.

Валенки украшают кожей, мехом, стразами (в том числе Swarovski), аппликацией, расписывают акварелью, создавая на них целые картины. Не оставил без внимания валенки и известный российский модельер Вячеслав Зайцев, который использовал их в одной из своих последних коллекций.

46. **Сутяжничество** — болезненное, непреодолимое стремление отстаивать свои якобы ущемлённые права путём бесконечных жалоб и судебных процессов

47. **«Предве́стие и́стины коснулось меня»**

предве́стие — 1) признак, предсказывающий близость наступление чего-либо: предвестие бури, предвестие победы, 2) по суеверным представлениям признак, который предсказывает изменение в чьей-либо жизни, судьбе

и́стина = правда

ЗАДАНИЯ

(1) Вы — мама главного героя. Вы посетили вашего сына в Петербурге. Расскажите, как он там живёт (или напишите письмо).

(2) Вы — Казанцев. Ваш новый знакомый (которого вы приютили) отказался от работы конторщиком.

Расскажите, что вы сами думали и чувствовали, слушая рацеи вашего приятеля (он видит в ваших глазах ужас, который перемешивается с восхищением).

(3) Заполните пропуски подходящими словами. Используйте лексику рассказа и комментария к нему (в скобках слова-помощники ☺).

1. В Риме нас обокрали: украли не только деньги, но и кредитные карточки. Мы остались .... (без грш). Когда я это обнаружил, мои волосы встали .... (дбм). Моя жена же .... (камень / кмнл) от сознания того, что нас ожидает.

2. Первые два дня мы прожили .... (впрглд): в гостинице мы могли рассчитывать только на завтрак.

3. Но через два дня к нам .... (валить / првлл) счастье: кто-то нашёл на улице наш кошелёк с одной кредитной карточкой и принёс его в полицию.

4. Человек этот был .... (близко / руки), носил очки с толстыми стёклами и мечтал посетить Петербург. В России он был только однажды — .... (проезд).

5. Мы его сразу же пригласили приехать к нам, так как он спас нас от .... (голод / голодать) может, ... (трм/ø).

6. День тот был .... (очень жаркий / знйн).

4 От каких глаголов образованы эти причастия и деепричастия? Определите форму, следуя примеру.

Пример: Раиса сидела, **сцепив** руки. — Раиса сидела. Она **сцепила** свои руки. (сцепить / сцеплять)

1. Наутро я снёс **выправленную** рукопись.
2. Точка, **поставленная** вовремя.
3. Она слушала, **склонив** голову, **приоткрыв** крашеные губы.
4. Чёрный луч сиял в её волосах, гладко **прижатых** и **разделённых** пробором.
5. Это случилось в поезде, **шедшем** из Ниццы.
6. **Захмелев**, я стал бранить Толстого.
7. Казанцев спрашивал меня, **качая** птичьей головой.
8. Катя, **жившая** под нами.
9. **Увядшая** женщина с **распустившимися** завитками и **отсыревшими** руками.
10. Я принёс рукопись и, не **застав** Раисы, вернулся вечером.
11. В богатых домах, не **имеющих** традиций, обедают шумно.
12. Ноги в **колеблющихся** туфельках ступали неровно.
13. Тело её качалось, как тело змеи, **встающей** под музыку.
14. **Нарумяненные** щёки.
15. **Пошумев**, они уехали в театр.
16. Юбки, **нависшие** над могучими икрами.
17. Рыдван, **закрытый** от мира **порыжевшим** козырьком.
18. Изо всех богов, **распятых** на кресте, это был самый обольстительный.
19. Сплетения, **вырезанные** из дерева.
20. Я побрёл туда **спотыкаясь**.
21. Тоннели улиц, **обведённые** цепью фонарей.
22. Казанцев спал, **вытянув** тощие ноги.

 5 Подберите и запишите синонимы к словам и выражениям.

1. Очутиться — ...
2. Приютить — ...
3. Зловонный — ...
4. Отказаться — ...
5. Ничего не вышло — ...
6. Упоительный — ...
7. Не осталось и следа — ...
8. Знойный полдень — ...
9. Кипяток — ...
10. Я не удержался — ...
11. В нашей мансарде **завелась** новая печка — ...
12. **Я не утерпел** и рассказал — ...

13. Ликовать — ...
14. **Упустить** неделю — ...
15. Ипполит **справлялся** у Селесты — ...
16. Ипполит, **хвативший** сидра перед отъездом — ...
17. Спросил **по** своему **обыкновению** — ...
18. Потупив глаза — ...
19. Зрение слабело — ...
20. **Яростно** бороться — ...
21. Скорбный лист — ...

 6 Ответьте на вопросы.

1. Какая любовь заполняла всё существо Казанцева?
2. Кто был единственной страстью в жизни Раисы?
3. Как вы понимаете фразу «деньги оборотистых своих мужей эти женщины переливают в розовый жирок на животе...»? (☺ слова-помощники: металл — золото — серебро — лить / плавить — богатство — сытость)
4. Из каких **частей** состоит слово «рукопись»?
5. Почему во время первого чтения выправленной рукописи кружево на груди Раисы трепетало?
6. Что может **войти леденяще в человеческое сердце**, кроме железа? Какое оружие **входит леденяще в сердце**?
7. Почему волосы Раисы — **лакированные**? Почему луч — **чёрный**?
8. Как чулки могут **облить** ноги?
9. Почему солнце — **стеклянное**?
10. У кого (или чего) были **тающие пальцы**? Почему они **таяли**?
11. Что называет автор **прекрасной могилой человеческого сердца**? Почему?
12. Как вы понимаете фразу: «**Ткань действительности порвалась для него**»?
13. «На пудреной её спине тлели рубцы ...» . Откуда эти рубцы? Подумайте, какой семейный конфликт имел место? (В тексте этой информации нет.) Почему спина была пудреной? Почему рубцы **тлели**?
14. На Раисе были «колеблющиеся туфельки». Какой у них был каблук?
15. «Они [три бокала вина] тотчас же увели меня в переулки, где веяло оранжевое пламя и слышалась музыка» О чём это ?
16. Почему **мостовые отсекали ноги идущим по ним**?
17. Почему Казанцев сидел в **валенках** у печки?
18. Как вы понимаете фразу: «Предвестие истины коснулось меня»?

7 **Найдите в тексте предложения, состоящие из данных слов (или их производных). Выпишите их.**

Пример: руки — атлас — течь: «Атласные эти руки текли к земле»

1. Армия — слова — оружие
2. Железо — лёд — сердце — точка
3. Луч солнца — лак — чёрный — волосы
4. Чулки — ноги — лить
5. Солнце — стекло
6. Солнце — пальцы — таять — книги — могила — сердце
7. Петербург — страна роз — плантации цветов — берег моря
8. Пить — гуси
9. Икра — ливерная колбаса
10. Прачка — поцелуи — мучить
12. Увянуть — волосы — сырость — руки
12. Печка — селёдка — шоколад
13. Раиса — ресницы — мех
14. Глаза — блуждать — ткань — порваться
15. Руки — цепи — звёзды
16. Книги — петарды — жалость — гений — страсть
17. Кляча — судьба — шаг
18. Валенки — печка — герцог де Броглио — 1624 год
19. Туман — вселенная — окно — сердце — истина

 8 **С данными словами и выражениями составьте и запишите предложения или рассказ. Они могут быть несерьёзными, весёлыми, фантастическими. Можно использовать дополнительные слова и выражения.**

Пример: Плюшевые медведи с хрустальными колпаками на головах качали большими бёдрами, бледнели и трепетали, объясняясь в любви блёклому ковру, который вздрагивал, поднимался на дыбы и думал о своей увядшей красоте.

1. Любовь к ... заполняла моё (его / её) существо
2. Прачка
3. Горничная (с высокой грудью)
4. «Мы рождены для наслаждения трудом, дракой, любовью»
5. «Ужас во взгляде перемешивался с восхищением»
6. Привалило счастье
7. Плюшевые медведи
8. Хрустальный колпак
9. Чужой пиджак

10. Чулки
11. Подниматься / подняться / встать на дыбы
12. Единственная страсть
13. Утомительно правильно
14. Большие бёдра
15. Бледнеть и трепетать
16. Блёклый ковёр
17. Вздрагивать
18. Есть ложками чёрную икру (или: черпать ложками чёрную икру)
19. Заснуть рядом с собственными постелями
20. Измучить друг друга поцелуями
21. Увядшая красота
22. Мрачный рассказ
23. Смущаться / смутиться
24. Блестящие испуганные глаза
25. Подмигивать / подмигнуть
26. «А не позабавиться ли нам»
27. «Я к вашим услугам»
28. Слёзы катились по лицу
29. Поцеловать в губы
30. Шататься
31. Ползать на четвереньках
32. Валенки
33. Восхищение
34. Сердце сжалось

 9 **Вы — Катя. На жизнь вы зарабатываете стиркой. Расскажите о вашей жизни.**

 10 **Вы — Раиса. Расскажите о том, как вы переводили Мопассана.**

Ключи к упражнениям

«Моя жизнь» (Марк Шагал)

Задание 1.

1. сжимается; 2. выдержала; 3. коротышкой — дар — ценили; 4. влечёт — выплакаться; 5. прошло — пор; 6. утешит — том — раю — небесах; 7. набережной; 8. многообещающая; 9. подходящий; 10. ошеломила; 11. кружится; 12. внушает; 13. облюбовал; 14. озарило — сияют — вмиг — безразличной.

Задание 2.

1. Правда («кружева их длинных панаталон...» — значит, он их мог видеть из-под юбок девушек).
2. Неправда («...будили во мне беспокойство», т.е. волновали, но не раздражали).
3. Неправда («... отчасти и любовался» — значит, нравился себе).
4. Неправда («я имел успех», «я был бы не прочь слегка подвести глаза..., хоть этого и не требовалось...»).
5. Неправда («дрожу со страху»).
6. Неправда (я «целых четыре года обхаживал Анюту и вздыхал по ней»).
7. Правда («решился ... только разок... ответить на её поцелуй»).
8. Правда («я ошеломлённо молчал. У меня кружилась голова»).
9. Правда («но я не подал виду и не отвёл глаз, чтобы показать, какой я храбрый»).
10. Правда («моя тяга к ней была непреодолима, как прихоть беременной женщины»).
11. Неправда («её сухие ручки и короткие ножки внушали мне жалость»).
12. Правда («она мечтала о вечной любви»).
13. Неправда («досадно, что меня потревожили»).
14. Правда («её мелодичный, как будто из другого мира, голос...»).
15. Правда («эта подруга, ... голос отчего-то волнуют меня»).
16. Правда («с ней, а не с Теей ... я должен быть — вдруг озаряет меня!»).
17. Правда («Тея вмиг стала чужой и безразличной»).

Задание 4.

1. к этому человеку душа не лежит / он мне не по душе; 2. стоит у меня над душой / не стой у меня над душой; 3. душевный разговор; 4. купить эту вещь для души; 5. (на улице) нет ни души; 6. за душой ничего нет; 7. чужая душа — потёмки.

Ключи

«Тоска» (А.П. Чехов)

Задание 1.

1. Долго, потому что он «бел, как привидение» — весь покрыт снегом. 2. Ему холодно. 3. Не очень хорошая, её называют «лошадёнкой» — значит, лошадь, которая производит впечатление несильной, небольшой. 4. В деревне: «кого оторвали от плуга...». 6. Или прохожий, или другой извозчик. 7. Нет: «двугривенный — цена не сходная». 8. Горбач. 9. Кому сидеть, а кому стоять (пассажиров — трое, а мест для сидения — два). 10. О смерти сына. 11. Военный сначала спросил Иону, от чего умер его сын, но быстро потерял интерес к Ионе. Трое других пассажиров равнодушно говорят «все помрём». 12. Нет. 13. Человека, который бы выслушал его. 14. Мучение, потому что на сердце великая тоска. Глаза бегают, потому что он ищет хоть кого-нибудь, кому бы он мог рассказать историю о смерти сына, ищет сочувствующего ему человека. **Утихшая** (= которая утихла / инф. утихнуть) // тоска появляется и распирает грудь // тоска громадная, не **знающая** границ (= которая не знает / инф. знать) // вылейся из неё тоска // тоска весь свет залила, но её не видно // [Иона] отдаётся тоске. 15. Недавно – на этой неделе. Есть ещё дочь: «В деревне осталась дочка Анисья». 16. Сопереживать, сострадать. 17. «Самому думать и рисовать себе его образ невыносимо жутко». 18. Лошадь – это его друг, который при нём и днём и ночью.

Задание 2.

Фонари, которые зажгли (зажигать / **зажечь**); она погрузилась ... (погружаться / **погрузиться**); люди, которые бегут (бежать); ресницы, которые облепил снег (облепливать / **облепить**); масса, которая движется ... (двигаться); тело, которое вертится (**вертеться**); ругань, которую обратили к нему (обращать / **обратить**); гуляки, которые исчезают в ... (**исчезать** / исчезнуть); тоска, которая не знает границ (**знать** / узнать); толпы, которые снуют (**сновать**); который спит (**спать**); человек, который знает ... дело (**знать**).

«Дама с собачкой» (А.П. Чехов)

Задание 1.

Неправильно:
1. Возраст Гурова: ему нет ещё и сорока.
2. Жена Гурова не младше его и выглядит старше своих лет.
3. Гуров женился (вернее – его женили) на ней, когда был студентом второго курса.
4. Одна дочь и два сына (не две дочери и сын).
5. Жена Гурова – себя считает умной, она высокая, скорее всего – полная: солидная.

6. Он её не обожает.
7. Сам Гуров не считает, что он «обожает» женщин, но не может без них прожить и двух дней.
8. Он изменяет жене уже давно.
9. Он не любит бывать дома.

Задание 2.

1. Гуров уже провёл в Ялте две недели, когда на набережной появилось новое лицо.
2. Волосы – светлые (она блондинка), собачка – белая.
3. Её одежда, причёска, походка, манера держать себя.
4. Видела, так как она заняла место за соседним столом. Когда шпиц заворчал, она тут же взглянула на Гурова, а потом опустила глаза, из чего можно заключить, что она уже обратила внимание на Гурова.
5. Нет.
6. Вода была сиреневого цвета, и по ней шла от луны золотая полоса.

Задание 5.

Рассказывает Гуров.

Праздничный; пристально; обнял; серьёзно; унылой; грешница; отрезал; низкая; дурная; обманула; презирать; скучно; раздражал; неожиданным и неуместным; смеётся; слёзы; раскаяние; необыкновенным; добрым; казался; приключение; похождение.

Рассказывает Анна.

Дурная, низкая; самоё; делаю / творю; нечистый; нечистый попутал; гадок; честную, чистую; честный; жгло; делалось; владеть; больна; добрый; возвышенный; следовало; смотрела / глядела; запомнить; поминайте; вами; дрожало.

Задание 7.

1. сжалось // взглянул / ближе, дороже и важнее // наполняла // горе / радость / счастье // заставлял / поклялась // пожала / оглядывалась // счастлива.
2. может быть // обморок // убежать // узкой / мрачной / дышать // ошеломлена // испугал (напугал).

Задание 8.

1. приезжать; 2. едет; 3. уезжала; 4. приехав; 5. ходил; 6. шёл, шла; 7. идёт; 8. идёт; 9. вошёл; 10. подошёл; 11. приходили.

Задание 15

1. набережная; 2. недалёкий; 3. владеть; 4. стучать / биться; 5. дрожать; 6. насильная; 7. сутулится / сутулый; 8. кусаться; 9. сиреневый; 10. бросаться / бросится; 11. душно; 12. увяли / завяли; 13. деваться.

Письма Пушкина

Задание 2 (письмо от 25 июля 1825 года).

1. я бешусь; 2. умираю от тоски; 3. прочтёте тайком; 4. подпишитесь вымышленным именем.

Задание 5.

Надоест; брошу; оставлю; возьму; соглашусь; утешусь; привлечёт; спрячу; подпишите; остановятся.

Задание 2 (письмо 1 от 15 апреля 1830 года).

1. ...встретил очень холодный приём.
2. У него не хватило мужества.
3. Так как у него не хватило мужества объясниться и ему самому стало стыдно — и он решил «убежать».
4. Нет («если она согласится отдать мне свою руку, я увижу в этом лишь доказательство спокойного безразличия её сердца»).
5. О потенциальных поклонниках Натали, среди которых будут очень красивые мужчины. И Пушкин думает, что они будут для Натали «соблазнами».
6. Нет (он не богат, не красив (по собственному мнению) и не имеет солидного положения в обществе.
7. Потому что, будучи женой Пушкина, она уже никогда не сможет более «удачно» выйти замуж.
8. Отвращение.
9. Клясться (я клянусь).
10. Самопожертвование, любовь, страх, ревность, отчаяние, неуверенность.

Задание 3 (письмо 2 от 31 августа 1830 года).

Грустно / тоска; дела расстроены; холостой; размолвка, ссора; бог весть когда.

Задание 5.

Грустно, душе; отлагается, расстроены; подходит; крепнет; весть / знает; сплетни; размолвки, примирения; обнимаю / целую.

Задание 6 (письмо 3 от 9 сентября 1830 года).

1. да («Ваше письмо прелестно»); 2. да («Я у ваших ног, чтобы поблагодарить вас»); 3. да («Оно меня вполне успокоило»); 4. успокоило («Оно меня вполне успокоило»); 5. нет, оно означает «я приеду не скоро»; 6. нет. 7. нет.

Задание 7 (письмо 4 от 9 сентября 1830 года).

1. нет, другу; 2. нет («как весело удрать от невесты...»); 3. да («... да засесть стихи писать»); 4. да («невеста — пуще цензора...»); 5. да; 6. да («зовёт меня в Москву»).

Задание 9.

1. Въезд в Москву запрещён. 2. Я заперт в Болдине. 3. Я совершенно пал духом. 4. Я не знаю, что предпринять. 5. Непростительно. 6. Не могу выразить. 7. Удрать. 8. Переродиться. 9. Кроме тебя в жизни моей утешения нет. 10. Жить с тобой в разлуке. 11. Не имею от тебя ни строчки. 12. Без них я совершенно одурею. 13. Ребятишки. 14. До сих пор. 15. Безграничная любовь. 16. Я убежден(а). 17. Сиять. 18. Осыпать эти исписанные листочки бумаги поцелуями. 19. Допускать дурные мысли. 20. Боготворить.

«Пиковая дама» (А.С. Пушкин)

Часть I. Задание 6.

1. не горячусь; 2. отроду; 3. постигнуть; 4. бояться, как огня; 5. издержать; 6. начисто; 7. бунтовать; 8. прибегнуть; 9. застать; 10. услужить; 11. сказка; 12. чёрта с два; 13. было бы не худо; 14. промотать; 15. сжалиться.

Часть II. Задание 5.

1. сто / сотый; 2. устремив; 3. привычки, кокетничать; 4. румянец, розовыми; 5. обрусевшего, прихоти; 6. излишней бережливостью; 7. расчёт, умеренность, трудолюбие; 8. неведомая; 9. вышивала.

Часть IV. Задание.

1. трепетом — надеясь — желая; 2. взгляда — удостоверилась — поблагодарила; 3. вспоминать; 4. похолодели / поледенели; 5. затрепетала; 6. боже — говорите — причина; 7. ужасом — страстные — пламенные — дерзкое — любовь; 8. алкала — горько — раскаянии; 9. терзалось — трогали — угрызений — ужасало — невозвратная — обогащения; 10. чудовище; 11. заряжен; 12. нахмурясь; 13. окаменев — спокойствие.

Часть V. Задание 4.

1. отпевали; 2. твердила; 3. раскаяния — заглушить — совести; 4. поразить; 5. ровесница — пролила; 6. мёртвая — насмешливо — взглянула; 7. прошёл; 8. взглянул — отошёл; 9. походку — шаркая; 10. твёрдым — исполнить; 11. опомниться; 12. добиться — толку; 13. видение.

Часть VI. Задание 1.

1. да; 2. да; 3. нет; 4. да; 5. из Москвы в Петербург; 6. нет; 7. нет (47 000); 8. нет (чек); 9. да; 10. нет; 11. да; 12. нет; 13. да, сошёл с ума, нет, не от счастья; 14. да; 15. да.

Часть VI. Задание 2.

1. Чекалинский **провёл** весь век за картами и **нажил** некогда миллионы: он **выигрывал** векселя и **проигрывал** чистые деньги.
2. Молодёжь ... **забывала** про балы и выбирала карточную игру.
3. Они прошли ряд ... комнат, которые **наполнили** учтивые официанты.
4. Глаза Чекалинского блестели: их **оживляла** улыбка.
5. ... Герман сказал и **протянул** руку из-за толстого господина.
6. Банкомёт **прищурился** и спросил...
7. Чекалинский бегло **посмотрел** банковский билет и положил его на карту.
8. Чекалинский протянул к себе билеты, которые **проиграли**.

«Гюи де Мопассан» (Исаак Бабель)

Задание 3.

1. без гроша – дыбом – окаменела; 2. впроголодь; 3. привалило; 4. близорук – проездом; 5. голода / голодания –тюрьмы; 6. знойным.

Задание 4.

первая форма инфинитива – несовершенный вид (= имперфектив), вторая – совершенный (= перфектив)

1. рукопись, которую я **выправил** (выправлять / **выправить**); 2. точку, которую **поставили** вовремя (ставить / **поставить**); 3.когда она слушала, она **склонила** голову и **приоткрыла** ... губы (склонять / **склонить** // приоткрывать / **приоткрыть**); 4. волосы **прижали** и **разделили** пробором (прижимать / **прижать** // разделять / **разделить**); 5. пальцы солнца **таяли** (таять / **растаять**); 6. в поезде, который **шёл** из ... (идти – прош. вр. **шёл**); 7. я **захмелел** и стал бранить... (хмелеть / **захмелеть**); 8. он спрашивал и **качал** головой (**качать** / покачать); 9. Катя, которая жила под нами (**жить**); 10. женщина, которая **увяла** (увянуть / **увять**), которая «перекрестила» (перекрещивать / **перекрестить**) шаль (= завязала крестом) // завитки волос Кати распустились (распускаться / **распуститься**), руки её отсырели (отсыревать / **отсыреть**); 11. я не застал ... (заставать / **застать**); 12. дома, которые не имеют традиций (**иметь**); 13. туфельки, которые колебались (**колебаться** / поколебаться); 14. как тело змеи, которое **вставало** под музыку (**вставать** / встать); 15. щёки, которые **нарумянили** (румянить / **нарумянить**); 16. они **пошумели** и уехали... (шуметь / **пошуметь**); 17. юбки, которые **нависли** (нависать / **нависнуть**); 18. рыдван **закрыли** (закрывать / **закрыть**) козырьком, который **порыжел** (рыжеть / **порыжеть**) от солнца; 19. изо всех богов, которых **распяли** ... (распинать / **распять**); 20. сплетения, которые вырезали ... (вырезать / **вырезать**); 21. когда я брёл, я спотыкался (**спотыкаться** / споткнуться); 22. тоннели, которые **обвела** цепь фонарей (обводить / **обвести**); 23. Казанцев ... **вытянул** ноги (вытягивать / **вытянуть**).

Задание 5.

1. оказаться; 2. дать крышу над головой, дать приют; 3. вонючий; 4. отвергнуть, не принять; 5. ничего не получилось; 6. восхитительный; 7. ничего не осталось; 8. очень жаркий; 9. очень горячая вода, вскипевшая вода; 10. я не выдержал, не сдержал себя; 11. появилась; 12. не смог молчать, не выдержал; 13. радоваться; 14. потеряли неделю, здесь: не работали неделю; 15. спрашивал; 16. выпив сидра; 17. как обычно, как всегда; 18. опустив глаза; 19. зрение становилось хуже; 20. изо всех сил; 21. грустный, печальный, трагический.

Задание 7.

1. Я заговорил об армии слов, об армии, в которой движутся все роды оружия.

2. Никакое железо не может войти в человеческое сердце так леденяще, как точка, поставленная вовремя.

3. Чёрный луч сиял в лакированных её волосах.

4. Облитые чулком ноги с сильными и нежными икрами расставились по ковру.

5. Стеклянное петербургское солнце ложилось на блёклый неровный ковёр.

6. Солнце тающими пальцами трогало сафьяновые корешки книг — прекрасную могилу человеческого сердца.

7. Главные герои повести находятся в Петербурге и переводят рассказ, действие которого просходит в поезде, «шедшем из Ниццы в Марсель, в знойный полдень, в стране роз, на родине роз, ... где плантации цветов спускаются к берегу моря...»

8. Наша коммуна... была пьяна в этот вечер, как стадо упившихся гусей.

9. Мы черпали ложкой ... икру и заедали её ливерной колбасой.

10. Мне приснилась ... прачка. Мы измучили друг друга поцелуями.

11. Меня встретила увядшая, перекрещённая шалью женщина, с распустившимися пепельно-седыми завитками и отсыревшими руками.

12. В нашей мансарде завелась новая печка, селёдка, шоколад.

13. Рыжий мех ресниц жалобно вздрагивал.

14. Глаза его блуждали, ткань действительности порвалась для него.

15. Она протянула мне руки, унизанные цепями платины и изумрудов.

16. Ночь подложила под голодную юность мою ... двадцать девять книг, двадцать девять петард, начинённых жалостью, гением, страстью...

17. ...И белая кляча моей судьбы пошла шагом.

18. [Казанцев] спал сидя, вытянув тощие ноги в валенках. ... Он заснул у печки, склонившись над «Дон-Кихотом» издания 1624 года. На титуле этой книги было посвящение герцогу де Броглио.

19. Туман подошёл к окну и скрыл вселенную. Сердце моё сжалось. Предвестие истины коснулось меня.

Учебное издание

Ольга Васильевна ГОЛОВКО

«И ЖИЗНЬ, И СЛЁЗЫ,
И ЛЮБОВЬ...»

КНИГА ДЛЯ ЧТЕНИЯ
С КОММЕНТАРИЯМИ И УПРАЖНЕНИЯМИ

Редактор *Н.О. Козина*
Корректор *Т.В. Анисимова*
Оригинал-макет и компьютерная вёрстка *О.А. Замковой*

В оформлении обложки использована картина
Ирины Чарни «Времена года»
http://www.icmosaics.com/

Подписано в печать 29.08.2011 г. Формат 70×100/16
Объем 9 п.л. Тираж 1500 экз. Зак.

Издательство ЗАО «Русский язык». Курсы
125047, Москва, 1-я Тверская-Ямская ул., д. 18
Тел./факс: (499) 251-08-45, тел.: (499) 250-48-68
e-mail: kursy@online.ru; russky_yazyk@mail.com; rkursy@gmail.com
www.rus-lang.ru

Отпечатано с готового оригинал-макета издательства
в типографии ФГНУ «Росинформагротех»
141261, пос. Правдинский Московской обл., ул. Лесная, д. 60
Тел.: (495) 933-44-04